高职英语教学中学生文化自信的培养和提升策略研究——以京津冀高职院校为例
项目编号：202005A071

高校英语教学思维与教学模式创新探索

屈 彬 ◎ 著

吉林人民出版社

图书在版编目（CIP）数据

高校英语教学思维与教学模式创新探索 ／ 屈彬著 .
长春：吉林人民出版社，2024. 8. -- ISBN 978-7-206-21320-5

Ⅰ . H319.3

中国国家版本馆 CIP 数据核字第 202488ZL54 号

高校英语教学思维与教学模式创新探索
GAOXIAO YINGYU JIAOXUE SIWEI YU JIAOXUE MOSHI CHUANGXIN TANSUO

著　　者：屈　彬
责任编辑：王　丹　　　　　　　　封面设计：寒　露
出版发行：吉林人民出版社（长春市人民大街 7548 号）　邮政编码：130022
印　　刷：河北万卷印刷有限公司
开　　本：710mm × 1000mm　　1/16
印　　张：13.75　　　　　　　　字　　数：205 千字
标准书号：ISBN 978-7-206-21320-5
版　　次：2024 年 8 月第 1 版　　印　　次：2025 年 1 月第 1 次印刷
定　　价：98.00 元

如发现印装质量问题，影响阅读，请与出版社联系调换。

前　言

《高校英语教学思维与教学模式创新探索》专注探讨高等教育背景下英语教学思维与教学模式的创新，通过对语言学、文化研究、教育理论及信息技术的综合运用，为英语教学的理论研究和实践提供一种创新的视角和启示。

第一章"语言、文化与英语教学"探讨了语言与文化的紧密关系及其对英语教学的重大影响。通过具体分析语言如何在文化中发挥作用以及文化如何塑造语言教学方法，为理解英语教学中的文化因素奠定了基础，并通过研究英语文化教学的具体实施策略，探讨了文化教学在语言学习中的重要性。

第二章"高校英语教学模式"详细论述了英语教学模式的演变历程、现行模式的基本内容和优化方法以及创新教学模式的理论基础和实践路径。本章不仅为教师提供了对各种教学模式的分析和比较，还探讨了如何在不断变化的教育环境中进行教学模式的创新。

第三章"跨文化背景下高校英语教学思维与教学模式创新"探讨了在经济全球化和多元文化的背景下，如何有效构建高校英语教学思维和创新教学模式。本章从跨文化交际的角度出发，分析了跨文化能力在高校英语教学中的重要性，并提出了相应的教学策略和教学方法。

第四章"信息化背景下高校英语教学思维与教学模式创新"着眼于信息技术对高校英语教学的深远影响。本章探讨了信息化背景下进行高校英语教学创新的必要性，信息技术在高校英语教学中的应用，以及如何构建适应信息化背景下高校英语教学思维和教学模式。

第五章"模块化理论下高校英语教学思维与教学模式创新"聚焦于模块化教学的理论和实践。本章详细介绍了模块化教学的理论基础，探讨了模块化教学在高校英语教学中的应用、优化及创新途径。本章通过分析模块化教学的优势和挑战，致力探索一种灵活、高效的教学模式，以适应不断变化的教育需求和学习环境。

第六章"新文科视域下高校英语教学思维与教学模式创新"探讨了在新文科视域下，高校英语教学思维与教学模式的创新。本章解释了新文科理论的定义和重要性，并探讨了在这一理论的指导下，高校英语教学和学习的新途径。通过分析新文科视域下的高校英语思维构建方式和教学模式创新，本章可以为高校英语教育领域提供新的发展方向和动力。

本书是河北省秦皇岛市科学技术局2020年市级科学技术研究与发展计划项目《高职英语教学中学生文化自信的培养和提升策略研究——以京津冀高职院校为例》（项目编号：202005A071）的课题研究成果，在主要研究学生文化自信的培养和提升策略的过程中，还研究了其所依赖的教育背景和环境，以及相应可采用的各种不同的教学思维和教学模式，丰富了课题的研究领域和体系。此外，本书不仅有推动高校英语教学思维领域发展的学术研究理论，还提供了高校英语教学模式创新与教学实践的指导和参考，可以为教育工作者、教育研究者以及英语专业的学生提供一些借鉴。

目 录

第一章 语言、文化与英语教学 / 1

  第一节 语言与文化 / 1

  第二节 英语教学 / 18

  第三节 英语文化教学 / 31

第二章 高校英语教学模式 / 40

  第一节 英语教学模式概述 / 40

  第二节 常见的高校英语教学模式 / 54

  第三节 高校英语教学模式优化的理论基础 / 69

  第四节 高校英语教学模式创新性发展的途径 / 86

  第五节 教学模式的未来发展趋势 / 96

第三章 跨文化背景下高校英语教学思维与教学模式创新 / 102

  第一节 跨文化教学概述 / 102

  第二节 跨文化背景下高校英语教学思维构建 / 114

  第三节 跨文化背景下高校英语教学模式创新探索 / 118

第四章　信息化背景下高校英语教学思维与教学模式创新　/　132

　　第一节　信息化背景下高校英语教学创新的必要性　/　132

　　第二节　信息化在高校英语教学中的应用　/　136

　　第三节　信息化背景下高校英语思维构建　/　153

　　第四节　信息化英语教学模式创新探索　/　160

第五章　模块化理论下高校英语教学思维与教学模式创新　/　174

　　第一节　模块化理论与模块化教学模式概述　/　174

　　第二节　高校英语模块化教学模式的优化与创新　/　185

第六章　新文科视域下高校英语教学思维与教学模式创新　/　198

　　第一节　新文科的定义与建设意义　/　198

　　第二节　新文科视域下的高校英语思维与教学创新途径　/　203

参考文献　/　209

第一章 语言、文化与英语教学

第一节 语言与文化

一、语言

（一）语言的定义

从古至今，人类对语言的探索从未停止，从中世纪的语法学到现代的语言哲学与认知科学，从对语言起源、发展的研究到对语言本质、结构、功能的研究，人类对语言研究的历程不仅见证了人类深层次认识语言的渴望，还反映了不同时代与多元文化背景下思维方式和研究方法的多样性。早期的语言学主要研究语言的形式和规则，试图通过比较和历史分析，揭示不同语言之间的共性和差异。随着时间的推移，语言学的视野逐渐扩大，涵盖了语音学、语法学、语义学、语用学等分支领域，每一个领域都有其独特的研究对象和方法论。在研究语言过程中，学者们提出了各种各样的理论和观点，但是由于不同学者的研究角度不同，他们对"语言"的定义也不尽相同。有的学者视语言为思想与行动的工具，有的学者认为它是一种人类习惯，有的学者将其视作令交际成为可能的符号系统，还有的学者认为它是人们相互理解的手段，或一种包含符号与交际规则的复杂密码。例如，德国著名人类学家和语言学家威廉·冯·洪堡特（Wilhelm von Humboldt）强调语言的动态性和创造性，将语言视为一种与有机体类似的系统。他认为语言的各个成分不是孤立存在的，而是相互组合、共同运作，并且语言不是一种静态的死物，而是一个充满创造力的活动过程，语言的这种性质使其形成了一种类似生命有机体的系统结构。[1] 在洪堡特看来，语言是一种使发出的语音具有表达思想能力的、不断重复的"精神活动"，这种"精神活动"根植活动本身，思想和感觉在这一过程中被表达。[2] 洪堡特在其著作《论人类语言结构的差异及其对人类精神发展的影响》中深刻指出，语言既是持久的，又是转瞬即逝的，即使是通过文字而保留下来的语言，也仅仅是一种不完整的、类似木乃伊的保存状态，需要在生动的朗读中重新获得意义。[3] 因此，洪堡特强调，语言本身不应被视为一件成品，而是一项正在不断进行的活动，其真正的定义应该是基于生物起源的。[4] 洪堡特的这些见解为人们提供了一个深刻理解语言的框架和参考，即看待语言时不应仅将其看作一种沟通工具或符号系统，而是应将之视作一项充满生命力的、正在不断发展和创新的精神活动。这种观点挑战了传统的、静态的语言观，强调了语言作为一种动态发展的有机体在人类社会和文化中不可或缺的作用，为人们理解语言的复杂性和多样性以及语言与人类精神发展的关系提供了更全面的参考。

艾弗拉姆·乔姆斯基（Avram Chomsky）是20世纪颇具影响力的理论语言学家之一，他对语言的研究和理解在现代语言学、认知科学乃至心理学领域产生了深远影响。乔姆斯基认为，语言是一种与生俱来的认知能力，深植人类大脑之中，所有人类语言的产生都遵循一套固有的、

---

[1] 洪堡特. 论语言[M]. 上海：上海译文出版社，2020：85.
[2] 钱敏汝. 篇章语用学概论[M]. 北京：外语教学与研究出版社，2001：50-51.
[3] 洪堡特. 论人类语言结构的差异及其对人类精神发展的影响[M]. 钱敏汝，译. 西安：陕西人民出版社，2006：61.
[4] 吴森. 英语语言学基本理论及多维视角探索[M]. 长春：吉林出版集团股份有限公司，2021：7.

普遍适用的句法规则，即"普遍语法"。① 这套语法不受具体语言形式或语境的影响，而是一种内置人脑中的、具有生成能力的规则系统，并且儿童天生就掌握了这套普遍语法的框架，这使他们在任何能接触到具体语言的环境中迅速地习得语言。乔姆斯基将语言习得的能力视作人类的一种天赋这一观点挑战了传统的语言学。进入20世纪70年代，语言学领域经历了一场"认知转向"的重要变革，标志着语言研究的重心从单纯的对语言形式和结构的描述转向探索语言与人类大脑中概念系统之间的关系，以及探索语言如何反映人类对世界的感知和体验。在这一认知框架下，语言不再被视为一种独立于人类其他认知活动的现象，而被认为是一种人类经验和心理活动的外化表现。② 乔姆斯基的观点强调了语言与人类大脑之间不可分割的联系，认为人脑接收外界信息并进行信息处理、存储及提取的能力，以及这些信息转化为内在的心理活动并指导人类行为的方式都与语言紧密相关。③

瑞士语言学家费迪南·德·索绪尔（Ferdinand de Saussure）被誉为现代语言学的奠基人，他的经典著作《普通语言学教程》为语言学界奠定了一个全新的理论基础。④ 索绪尔将注意力聚焦语言系统本身，而非社会或心理因素等非语言因素上，推动了作为一门独立学科的语言学的发展。他的语言观念开创性地将语言视为一个自足、封闭的抽象符号系统，这些符号由概念（所指）和音响形象（能指）两个不可分割的心理实体组成，就如一张纸的正反两面，互相不可分割，并且能指和所指之间的关系是任意的，即二者没有自然的联系，而是由社会成员共同约定而决定的。⑤ 符号，尤其语言符号，不但通过所指和能指的关联来承载意义，而且每个符号的意义和功能不是孤立存在的，而是由其在整个语

---

① 李培东. 外语教学原理与实践研究：共时视角[M]. 银川：宁夏人民出版社，2019：29.
② 佐久间淳一. 这就是语言学[M]. 范莉婷，程茜，译. 广州：广东经济出版社，2021：233.
③ 顾明远. 教育大辞典：第5卷[M]. 上海：上海教育出版社，1990：167.
④ 谢刚. 索绪尔语言学理论研究：关于语言及语言学范式的现象学反思[M]. 长春：吉林出版集团股份有限公司，2021：104.
⑤ 索绪尔. 普通语言学教程[M]. 裴文，译. 南京：江苏教育出版社，2001：9.

言系统中的相对位置及与其他语言单位的关系而决定的。在索绪尔的理论框架下,"言语"(parole)和"语言"(langue)是有区别的两个概念。①言语是个体在具体使用语言时受个人意志支配而做出的行为,其性质复杂并且涉及物理、生理、心理等领域。相对地,语言则是一种"约定俗成"的具有社会性的现象,社会共享这套符号系统,人们可以通过后天习得,使其成为共同的交流工具。

至今,虽然学界尚未形成一个统一且被广泛接受的语言定义,但通过历代学者的深入探讨和研究,人们可以从不同维度抽取主要观点对语言进行概括和总结,以对语言的本质和定义有一个较为全面的理解。第一,语言是一种符号系统。在这个系统中,每一个符号都是能指(音响形象)和所指(意义)的结合体,这使语言能够有效地承载和传递信息。第二,语言是人类特有的信息传递方式。语言是人类独有的交流工具,它区别于其他生物的交际方式,不仅具有复杂的结构,还能够使人拥有抽象思维和创造性表达的能力。第三,语言具有社会属性。语言的形成、变化和发展受社会文化、交际需求和认知发展等因素的共同影响。第四,语言是人类在交际和思维活动中不可或缺的工具。其不仅能使人类相互沟通、分享信息和知识,还在个体的思维过程中发挥着基础性的作用,是人类理解世界、表达自我和创造文化的重要载体。综上所述,可以将语言定义为一种人类用于交际和思维活动的、复杂的、多功能的、具有创造性的符号系统。

(二)语言的功能

语言是人类最基本的沟通工具,是连接个人与社会、过去与未来的桥梁,它在社会生活中扮演着多重重要角色。就功能而言,语言的功能大致可以分为三类:信息功能、艺术与娱乐功能以及文化传承功能,如图1-1所示。这些功能共同体现了语言在人类社会中的重要地位。

---

① 刘宇红. 语言的奥秘:新编语言学教程[M]. 北京:对外经济贸易大学出版社,2022:71.

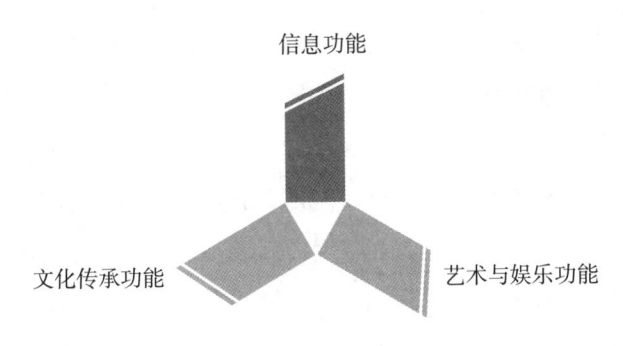

图 1-1 语言的功能

1. 信息功能

语言的信息功能是其最基本、最核心的功能之一，这一功能不仅使个体能够相互交流思想、情感和意志，还促进了社会层面信息的广泛传播与积累，推动了人类文明的进步和发展。从本质上看，语言是一种符号系统，其信息功能体现在准确、高效地编码、存储、传输和解码信息方面。每一个词、短语、句子都承载着特定的信息内容，然后通过语言的语法结构和语义规则组合成具有一定意义的表达。这种表达方式使语言能够涵盖和传递人类从日常生活交流到科学技术研究、从文学艺术创作到哲学思想探讨等各类活动的信息。书写和印刷等技术的应用使语言信息能够跨越时间和空间，实现长期保存和广泛传播，使知识的积累和传承成为可能，使文化得以丰富和发展。在这一过程中，语言不仅是信息的载体，还是人们理解和解释世界的工具，反映和塑造了人类的认知框架和世界观。此外，语言的信息功能还表现在语言对社会交往和组织的影响方面。语言能够传递关于规范和法律、文化习俗和道德观念的信息，这些都是社会运作的基础。通过语言的规范化使用，个体和集体之间可以形成共同的沟通机制和行为准则，以维持社会秩序，形成文化认同。在这个意义上，语言的信息功能不仅是信息交换的手段，更是构建社会关系和文化认同的重要基础。然而，语言的信息功能并非完美无缺，由于语言的多义性和语境的复杂性，在传递信息过程中，人们可能产生歧义和误解。因此，有效的沟通需要语言使用者在编码和解码信息时考虑到语境、文化背景和交流双方共同的知识基础等因素。这就要求语言使用者在掌握语言基础知识的同时，具备相应的沟通技巧和文化敏感性。

2. 艺术与娱乐功能

语言蕴含着丰富的艺术价值和娱乐潜力。语言的这种艺术与娱乐功能使其既能丰富人类的精神世界，又能促进文化的多样性和创新。诗歌、文学作品以及各种口头和书面的艺术表现形式都是语言艺术娱乐功能的体现。在这些艺术作品中，语言不再只是简单的信息传递工具，而是通过作者的巧妙运用，包括词汇的选择、语言韵律的创造、象征和比喻的使用以及修辞技巧的应用，构建出独特的语言美感和深刻的情感表达。这类语言使用能够激发读者或听众的情感共鸣，引发深层思考，从而实现对艺术的追求和对文化的深度探索。此外，语言在日常生活中的娱乐功能也不容忽视。幽默故事、脱口秀、相声和各类语言游戏都是语言娱乐性的体现形式，它们不仅为人们带来了轻松愉悦的感受，还是人们进行文化传递和社会交往的重要工具。例如，口头叙述的故事既是一种古老的娱乐方式，也是知识和文化传承的重要载体，通过叙述者对语言的创造性运用，听众可以被带入一个充满想象的故事世界，体验不同情感。而脱口秀、相声和语言游戏等现代语言娱乐形式则通过智慧和有创意的语言表达使人们感到愉悦，同时挑战人们的思维，推动人们语言能力的发展。

3. 文化传承功能

语言与文化之间存在着不可分割的内在联系，语言不只是文化的一部分，还是文化得以保存的基础工具，是文化传承和发展的重要载体。例如，通过古代文献、诗歌、故事等载体形式，语言不仅记录了过去的事件，还传递了丰富的历史信息，是历史的活档案，更通过特定的符号系统、语法结构以及表达习惯，凝聚、反映和传递了包括一个民族世界观、人生观和价值观等观念在内的相关文化，使这些文化得以跨越时间的限制，被后代深入了解和研究。可以说，语言是文化实现价值并得以持续生存和发展的基础。此外，语言在文化传承中的功能还体现在其对使用者的思维模式和世界观的影响方面。不同语言的结构和表达习惯在一定程度上反映了语言使用者的思维方式。语言中固有的分类方式、叙述习惯等都能够影响人们对世界的理解和认识。这种影响是潜移默化的，随着语言的习得和使用，其背后的文化也会逐渐被个体内化，成为其认知的一部分。在传递文化过程中，语言也在无形中塑造了民族的认同感和归属感。语言中蕴含的文化元素，如习俗、信仰和价值观，是构建民族认同的重要基础。通过对语言的学习和使用，个体不仅能吸收知识信息，更能深刻体验到与之相关的文化情感和精神价值，从而增强对自身文化的认同感和自豪感。

二、文化

（一）文化的定义

文化的起源与发展是一个数千年的演化过程，文化深深根植不同的语言和文明之中。在中国，"文化"一词的最初形态可以追溯到远古时期的甲骨文。《说文解字》中有载："文，错画也，象交文。"[①] "错画"指的是交错的纹理或图案，随着"文"的含义被逐渐引申，"文"又有代表和象征人类创造和使用的包括文字、礼仪、艺术等各种符号之意。而"化"的本义是生成、造化。[②]《易·系辞下》中有"男女构精，万物化生"之语，可以看出"化"的本义是"孕育、化生、造化"。[③]《说文解字》中有载："化，教行也。"[④] 从字形上看，"化"由两个对立的"人"字构成，有当两种事物接触时，至少一方或双方都会经历某种形式的变化，不论是外在形态还是内在性质的转换的意思。随着时间的推移，"化"的概念被进一步拓展。西汉以后，"文"与"化"组合成一个词。[⑤]"化"逐渐

[①] 郑春兰. 精彩汉字 [M]. 成都：四川辞书出版社，2018：537.
[②] 陶晓莉. 大学英语跨文化教学实践探索研究 [M]. 北京：华文出版社，2021：5.
[③] 朱祖延. 引用语大辞典 [M]. 增订本. 武汉：武汉出版社，2010：395.
[④] 蔡英杰. 中国古代语言学文献 [M]. 北京：中国书籍出版社，2020：10.
[⑤] 程文华，张恒权，崔久军. 英汉修辞与文化 [M]. 青岛：中国海洋大学出版社，2020：1.

衍生出"教化、变化"之意。① 这一含义始见于刘向的《说苑·指武篇》"凡武之兴，为不服也，文化不改，然后加诛"一句，这里的"化"为动词，意为"文德教化"，与"野蛮"相对。② 而在英语中，"文化"一词为"culture"，由基本动词"cult"（意为耕作）加上名词后缀"-urc"构成，最初可被直译为"耕种作物或土地的行为"。③ 随着时间的推移，特别是到了17世纪，一些法国领先的启蒙时代哲学家和文人，开始将culture这个概念应用于更广泛的含义上，包括精神的培育、心智的发展以及道德修养等领域。于是"culture"开始从单纯的农业耕作活动扩展到涵盖人类智力和精神生活的广泛领域。④ 虽然"文化"一词在各文化中出现较早，但是人们对"文化"的认知和统一定义经历了比较长的发展阶段，并且不同学者着眼不同角度，对"文化"的定义也呈现出多样性。⑤ 例如，英国人类学家爱德华·泰勒（Edward Teller）是早期对文化进行系统性定义的代表学者之一，他在著作《原始文化》中提出，文化或文明是包括知识、信仰、艺术、道德、法律、习惯等在内的复杂体系，是社会成员通过学习获得的能力和习惯的总和。⑥ 法国学者维克多·埃尔（Victor Hell）则认为："文化就是对人进行智力、美学和道德方面的培养，文化并不是行为、物质创造和制度的总和。"⑦ 美国人类学家威廉·萨姆纳（William Sumner）和艾伯特·凯勒（Albert Keller）认为文化是"人类为适应他们的生活环境所做出的调整行为的总和"，并将"文化"与"文明"两个概念连用。⑧ 第七版《现代汉语词典》中对"文化"做了以下几种释义：第一种认为文化是"人类在社会历史发展过程中所

---

① 陈炯．中国文化修辞学[M]．南京：江苏古籍出版社，2001：13．
② 陈炯．中国文化修辞学[M]．南京：江苏古籍出版社，2001：13．
③ 李河．后发国家的启蒙辩证法：一种批判的文化哲学[M]．北京：中国书籍出版社，2022：7．
④ 程文华，张恒权，崔久军．英汉修辞与文化[M]．青岛：中国海洋大学出版社，2020：1．
⑤ 郭莲．文化的定义与综述[J]．中共中央党校学报，2002（1）：115-118．
⑥ 庄锡昌，顾晓鸣，顾云深．多维视野中的文化理论[M]．杭州：浙江人民出版社，1987：99．
⑦ 埃尔．文化概念[M]．康新文，晓文，译．上海：上海人民出版社，1988：95．
⑧ 马文杰，苏勇．跨文化管理沟通[M]．上海：复旦大学出版社，2022：3．

创造的物质财富和精神财富的总和",并特指文学、艺术、教育、科学等方面的精神财富。第二种从动词角度进行了阐释,将文化解释为"指运用文字的能力及一般知识",如文化水平。第三种是考古学用语,认为文化是"指同一个历史时期的不依分布地点为转移的遗迹、遗物的综合体",如三星堆文化。可以看到,词典给出的三个定义中,第一种定义是学术上广泛讨论的定义。《辞海》从两个维度对文化进行了定义,其中广义上的文化概念是指"人类在社会实践过程中所获得的物质、精神的生产能力和创造的物质、精神财富的总和",而狭义上的文化则是"精神生产能力和精神产品,包括一切社会意识形式:自然科学、技术科学、社会意识形态。有时又专指教育、科学、文学、艺术、卫生、体育等方面的知识与设施"。到了现代,文化的定义更加广泛和多元化,既包括传统的语言、艺术、宗教和习俗,也涵盖知识、法律、政治和经济等领域。总的来说,文化是一个不断发展变化的复杂概念,它既是人类社会发展和历史积累的产物,也是不同社会和群体在特定时期表达自我、传承和创新的方式。不同文明和学术传统对文化的理解和定义各有侧重,但都强调了文化在塑造人类身份、促进社会进步和加深相互理解中的核心作用。站在前人的肩膀上,可以从广义和狭义两个角度对文化的定义做以下总结:广义的文化涵盖了人类在社会实践中创造的所有物质与精神财富,包括各种物质形态和精神形态的人类成就。这一定义强调文化是人类活动的全面产物,既包括有形的物质财富,又包括无形的精神财富。而狭义的文化则专指人类的精神成果。通常情况下,当人们讨论"文化"时,倾向狭义概念,即文化的精神和思想层面。

(二)文化的特征

作为人类社会的基本组成部分,文化具有丰富而复杂的特性。想要理解文化的本质,就要探究其核心特征,这些特征共同构成了文化的基础框架,影响着文化的形态和发展。具体来说,文化具有五大特征:后天性、约定性、多样性、动态性以及复杂性,如图1-2所示。这些特征不仅揭示了各种文化与生俱来的差异、文化的持续演变、文化之间的巨大差异、文化的社会构建本质,以及文化内在的复杂性,还能帮助人们更全面地把握文化的本质,理解如何在经济全球化背景下更有效地在不同文化之间建立理解和沟通的桥梁。

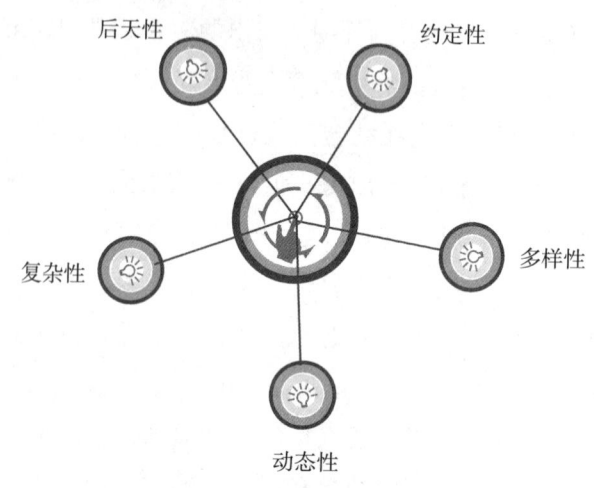

图 1-2 文化的特征

1. 后天性

文化的形成和传承并不依赖生物学上的遗传机制,这是理解文化特征的一个关键点。与人类的生理特征不同,文化既不是天生的,也不是通过基因传递下来的。相反,文化是人们在社会生产和生活实践中后天习得的,它通过教育、社会化过程以及文化传统的持续传递,从一代人传到下一代人。这种后天的非遗传的特性不仅凸显了文化的学习和传承机制,还体现了文化的多样性和适应性。因为文化不受遗传的限制,所以能够随着社会的变迁和技术的发展而演化,以适应新的环境和需求。此外,文化的后天性和非遗传性意味着每个人都有可能通过学习和交流,跨越自身的文化背景,理解和接纳不同的文化观念和实践。这也促进了文化的交流、融合和创新。这种传承和学习的过程是文化得以持续发展的重要保证。

2. 约定性

文化作为一个集体的精神和物质遗产，由社会成员共同缔造、维系并世代相传，涵盖了从语言、礼俗、习惯到规范、制度，乃至社会价值观、艺术表达、宗教信仰，以及更多集体的认知框架和行动模式的体系。文化的生成和维持在本质上依赖社群内部成员之间的共识和约定。首先，文化的约定性体现在文化的共享性质上。文化并非孤立个体的行为习惯或思维模式，而是由整个社群共同认同和维护的一套行为准则和价值理念。它代表了一个社会集体的精神面貌和物质形态，需要群体内每一个成员的参与和认可。这种在共识基础上的共享使文化能够成为连接个体与社会、维系社会结构和秩序的纽带。其次，文化的约定性表现在文化对个体行为的规范和约束力上。个体的独特习惯和行为模式只有在得到社群广泛认同时，才能上升为文化的一部分。这意味着文化的形成和存在是基于广泛的社会共识的，它反映了集体认同的规范和价值观。由此而产生的文化准则对个体成员的行为有着约束和导向作用，并塑造和反映着群体的共同身份。此外，文化的约定性还意味着它具有动态变化的特性。随着时间的流逝和社会条件的变迁，社群内部的共识和约定有可能随之调整。新兴的思想观念、技术革新和沟通交流方式的变化都能对社会共识产生影响。因此，文化不是一成不变的，而是随着集体约定的演进而发展变化，这也体现了文化的适应性和进化性。这种动态的约定性使文化能够响应时代变化，不断融入新的元素和思想，从而保持生命力和影响力。

3. 多样性

文化的多样性既体现在时间的纵轴上，即跨越历史演进的轨迹上，又体现在空间的横轴上，即地域之间的差异性上。从历史发展的角度来看，随着时间的流逝，文化经历了不断的变迁和演化。每一种文明的兴起与衰落、技术的进步与社会结构的变革都推动了文化形态的转变。以中国为例，其文化跨越了数千年，经历了无数朝代的更替，展现出丰富的文化层次与变化。在不同的历史时期，因时代需求和社会环境的变化，政治思想和价值观念也会随之调整，如秦朝的法家思想和汉朝的儒家理念就在当时的时代中扮演了重要角色,深刻影响了后续文化的走向。此外,随着时间的推移,社会风俗、服饰、建筑风格等也呈现出多样性,并反映着各个时期不同的社会背景和生活方式。在空间分布上,地理差异是产生文化多样性的重要因素。不同的地理环境塑造了各区域内独特的生活和文化表达方式。例如,热带地区倾向形成与雨林密切相关的文化特征,而寒带地区则可能发展出以狩猎和渔业为生存基础的文化形态。这些因素不仅体现在物质层面,如特定的建筑风格和饮食习惯,还深刻影响了非物质文化层面,包括宗教信仰、艺术创作等方面。此外,历史进程的非线性特点也是导致文化多样性发展的关键因素。文化的发展轨迹并非一条直线,而是充满了曲折与变迁。不同历史时期的政治经济条件、科技水平,以及外来文化的影响都会使文化沿着多样化的路径发展。古代文明之间的交流与冲突,如丝绸之路上的文化交融,以及殖民时期文化的碰撞与融合,均为文化多样性的历史维度提供了丰富的实例。历史的变迁不仅推动了文化的演化,还为文化多样性的形成提供了土壤。

4. 动态性

文化的动态性强调文化不是静止不变的,而是随着时间、环境和社会条件的变化而变化,这种流动性和适应性是其生存和发展所需的基本特性。文化变迁的驱动因素主要包括环境的变化、技术的进步、经济的发展、政治方面的变动,以及社会结构的转型等。这些因素相互作用,推动着文化不断演变。例如,技术进步不仅改变了人们的生产方式和生活方式,还深刻影响了人们的世界观和价值观。互联网技术的发展就是一个典型的例子,它不仅促进了信息的交流,还带来了全球文化多样化发展的新趋势,影响了各地区文化的表现形式和传播途径。

文化的适应与演化机制是理解文化动态性的关键。文化作为一个整体,具有自我调节和适应环境的能力。这种适应不是简单的顺应或模仿,而是一个复杂的选择、整合和创新的过程。人们基于对环境的认知和需求,选择有利于生存和发展的文化元素,同时摒弃那些不适应当前环境的元素。在这个过程中,新的文化形式和意义被创造出来,旧的文化形式可能被赋予新的含义或逐渐消亡，体现了文化的创新性和适应性，是文化动态性的直接体现。文化的动态性也提醒人们在研究和评价不同文化时应该以动态发展的眼光去看待文化，这种视角不仅有助于人们更加深刻地理解文化的内涵和多样性，还能够使人们更加敏锐地捕捉到文化变迁的趋势和方向。

5. 复杂性

文化的复杂性是其定义中的核心特性之一，反映在文化的构成、发展、传播和影响等方面。第一，文化的复杂性体现在它的构成上。文化是一个综合体，包括物质文化、社会文化与精神文化等多个层面。这些层面相互交织、相互影响，形成了一个极为复杂的体系。例如，一种特定的社会价值观可能影响该社会的艺术表现形式，反过来艺术的发展又可以发展或挑战既有的价值观念。这种相互作用不是单向的，而是多维度、多方向的复杂网络。第二，文化的复杂性体现在文化发展的过程中。文化是在特定的历史背景、地理环境和社会结构中生成并发展起来的，不是静止不变的，并且它的发展是一个非线性的、多因素交互的、不断演变和发展的复杂过程。文化发展受多种因素的影响，包括历史事件、地理环境、技术进步、社会结构变化等。每一种因素都可以不同方式影响文化的形态，使文化呈现出难以预测的变化轨迹。第三，文化的传播和交流是其复杂性的一个重要体现。随着经济全球化程度的加深，不同文化之间的交流变得越来越频繁。这种交流不仅是文化元素的简单传递，更是文化价值观、思维方式和生活习惯的互相影响和互相融合。在这一过程中，文化间互相借鉴、融合以及冲突的现象并存，这使文化的边界更加模糊，文化的复杂性进一步增加。第四，文化的影响同样展现了其复杂性。文化既是集体行为的产物，又是个体实践的总和。在文化中，每个个体既是接受者，又是创造者，这使文化具有从底层到顶层多层次交织和影响的特点。文化影响着人们的思维方式、行为习惯和生活方式，这种影响既可以是明显的，也可以是潜移默化的。同时，由于每个人都处在多重文化的交织中，个体如何接受、理解和反映文化的影响极其复杂，这不仅涉及个体的身份认同，还与社会互动、政治权力和经济活动等因素紧密相关。

三、语言与文化

（一）语言是文化的重要组成部分

从前文的论述中可以知道，在广义上，文化是"一个社群通过一定时间的积累共同创造、维护并传承的所有精神和物质财富的总和"。这将文化定义为一个包罗万象的概念，涵盖了科学技术、艺术、知识、艺术、法律、道德、习俗以及价值观等各个方面。在这样的框架下，语言作为人类为沟通交互、表达思想、传递信息、共享经验而发明的一种特殊的符号系统，是创新的文化活动的产物。因此，从二者的本质与自然属性的角度来看，语言自然是文化这个整体的一部分，语言的概念和内涵都可被归纳和融入文化的广义定义之中。此外，从形式来看，文化的表现形式十分多样，包括可见的物质形式和不可见的精神形式。虽然语言看似无形，但以口语、书写文字和手势等多种形式而存在，每种语言都蕴含着一个文化群体的世界观、思维方式和生活哲学，是该文化独特性的直接体现，这些都是语言的物化形式。更重要的是，语言作为一种精神财富，以其规则体系、词汇和语法结构等形式体现了人类思维的复杂性和创造力。这种无形的精神财富与文化中的其他元素如价值观、知识体系等紧密相连，同为文化的重要组成部分。随着时间的推移，语言会随着社会的变迁和文化的发展而发生变化。新词的产生、旧词的消亡以及语法结构的变动都体现和反映着文化适应新的社会环境和技术发展的动态结果。因此，语言属于文化，是文化的精髓、核心以及重要组成部分。

（二）语言是文化的载体

语言作为一种独特的符号系统，不仅是简单的沟通交流的工具，使个体或阶层的思想、情感和意愿得以表达，还拥有将抽象思维具象化的能力，这种转换功能和能力使语言成为记录和传播信息的基础工具。无论是口语形式的直接交流还是书面语形式的跨时间传递，一个社群、民族的历史、文学、价值观念、传统以及社会规范等都是通过故事、传说、诗歌、谚语等各种语言形式才得以记录、保存和传递的。可以说，语言是所有历史和文明得以保存和传承的根基，是所有文化成果的重要载体和体现形式，不仅保证了文化的活力，丰富了文化的内涵，还保证了文化的发展。如果没有语言，人类社会的知识体系、文化传统、科技成就以及艺术创作等将难以进行传递和传承，可以说，语言就是文化生命力的源泉，是文化认同与连续性存在的基石。

（三）语言是文化互动与交流的桥梁

在当今这个经济全球化发展的世界中，语言不仅是简单的沟通工具，更是一种深刻的文化表达方式，承载着人类智慧的精华，是连接不同文化的纽带。语言的价值远远超出了日常沟通，它在促进文化的理解、尊重以及创新的过程中发挥着不可替代的作用。具体而言，首先，语言是深化跨文化理解的关键。每种语言都是对其所承载的文化的反映，蕴含着该文化的历史、哲学、艺术和社会观念。人们学习一种语言的时候，实际上是在深入探索与这种语言相关的文化背景，这种探索不只有文化产品，如食物、音乐或艺术，还包括价值观、行为习惯以及思维模式等文化的核心部分。这种深层次的文化内核建立在语言的细微差别中，如语言中的礼貌形式、称谓以及隐喻等，反映着文化的独特性和复杂性。其次，语言对构建国际合作和国际社会成员之间互相理解的框架至关重要。在经济全球化发展背景下，国际社会成员面临着共同的挑战，因此应进行有效的沟通和协作。语言的共享和学习不仅是实现这一目标的基础，更是促进国际社会成员之间深层次理解的桥梁。通过掌握多种语言，个人和国家能够更加准确地传达自己的观点和理念，理解他人的立场和需求，从而在尊重和理解的基础上寻找共同点，共同应对全球性问题。

最后，语言是促进世界和平与发展的关键工具。在跨文化交流中，深入进行语言的学习可以帮助人们克服偏见，理解文化差异背后的共同人性，从而促进不同文化间的和解与合作。这种基于深入理解和尊重的对话是实现世界和平与可持续发展目标的基石。总之，语言的作用远远超越日常沟通的层次，它在深化文化互动与交流中发挥着关键的桥梁作用。

（四）语言是文化认同与身份的承载者

如今，语言已经远超其作为个体之间、民族与民族之间简单沟通工具的功能，而是成为一个民族历史和文化遗产的深刻记录者和传承者。每个民族或文化群体的独特历史、神话传说、重大历史事件、价值观念和社会规范等都在口头或书面的语言形式中得以保存，跨越时间的界限，成为一代代传承的宝贵财富。这不仅是因为语言能够记录信息，更是因为语言能够承载并传达深层的文化意义和情感，使文化成为社群的共同记忆，而共同的文化记忆是构建社群认同感和归属感的基石，是社群认同感的重要来源。成员通过共同的历史背景、文化渊源塑造和建立归属感和认同感。

此外，语言还是传递价值观念和社会规范的媒介。每种语言都深深植根其所代表的文化之中，蕴含和体现着特定民族或社群的观念和生活方式，这些不仅是社群文化的重要组成部分，更是文化身份的重要标志和表现形式。不同的社群有不同的文化特色和身份，个体和社群成员通过语言的日常使用，包括选择特定的词语、表达习惯、独特的用法等，在不知不觉中接受和内化本民族的文化价值，明确自己的文化身份。这种价值观的共享系统既是加强社群内部凝聚力的基础，也是增强社群成员之间认同感和归属感的重要途径。此外，语言中包含了社群的文化特性，体现着文化差异。不同的语言有着不同的语音、语法和词汇，这些差异反映了各文化自身的特点，尤其语言中的方言、俚语等元素更是深深植根该文化的土壤中，直接反映了地域文化的特色。社群成员使用同一种语言或方言，不仅能在日常交流中感受彼此之间的紧密联系，还能在更深层次上确认自己的文化身份,这种基于语言文化特性的认同进一步加深了社群成员的归属感。此外,语言在跨文化交流中也起到了重要作用。当社群成员使用自己的语言在外界被认可和尊重时,这种体验会强化他们对自己文化认同的自豪感和归属感;反之,语言被忽视或歧视也可能激发社群成员维护自己文化身份的意识,促使他们进一步通过各种方式保护和加强内部凝聚力,增强文化认同。随着经济全球化的发展,语言在维持文化认同和归属感中的作用变得更加重要。面对他国文化的冲击,保持语言的活力和特性变得至关重要,它不仅是保护文化多样性的手段,还是维系社群内部认同感和归属感的关键。综上所述,语言是文化认同与身份归属的承载和体现。

(五)语言是文化进步与演化的催化剂

语言作为一种高度发达的沟通系统,在人类社会的合作与进步中发挥着不可替代的作用。它不仅促进了信息的传递和知识的积累,还加速了文化的进步与演化。语言的动态性和适应性使其成为文化发展的重要推动力,通过不断演变和创新,语言不仅反映了文化的变迁,更推动了文化的革新和多样性发展。具体而言,首先,语言的变化直接反映了文化的动态性,是文化演进的见证者。社会变迁和科技发展促使语言不断吸收新的词和表达方式。这些新元素的加入是社会经济变化、技术创新以及人类知识边界被拓展的直接体现。例如,互联网和数字技术的发展带来了"Wi-Fi""区块链"等新词语,这些词语不仅丰富了语言资源,还反映了语言和文化在适应新科技发展中的演变。其次,语言在文化创新中具有催化作用。语言的多样性和创新性为文化提供了丰富的土壤,使文化能够在多元化的基础上进行自我更新和演化。尤其随着当今经济全球化程度的加深,不同文化之间的界限变得模糊,这不仅促进了不同文化之间的元素相互借鉴和融合,创造出新的文化形式,还促进了跨文化对话,使文化创新得以在全球范围内传播。这种创新不是简单的文化元素的叠加,而是一种深层次的文化交融,是在借鉴其他文化的特点和价值的基础上，在尊重本族文化传统的基础上，学习、吸收、纳入这些新元素并对其进行本土化改造，从而创造出新的文化形式。语言的这种演变和融合过程从深层次上涉及人们对传统的重新解读和对本族文化的未来构想，是人们不断理解和反思文化本质和演化规律的实践，指引着未来文化的改革方向，推动了文化观念和价值观的多样化发展，并使语言自身展现出前所未有的活力和创新能力，为文化的革新提供了更多可能性。

由此可以看出，语言与文化是密不可分的关系。语言不仅是传承文化的桥梁，更是文化进步与演化的催化剂。通过不断变化和创新，语言不仅能够反映出文化的适应性和动态性，还能够激发出文化的创新能力，促进文化多样性发展，增强文化的适应能力，同时促进人类对文化深层次的理解和思考。在经济全球化发展和科学技术不断发展进步的当下，理解语言在文化演化中的作用比以往任何时候都更为重要，它是人们理解过去、把握现在和展望未来的关键。

第二节　英语教学

一、英语教学对象

在深入探讨教育教学理念和实践的过程中，必须首先明确教育活动的组成部分以及教育对象。教育活动包括一系列被设计和执行以促进学习、理解、技能获取、道德观念形成及个人成长的活动。这些活动涵盖了从课堂教学、实践操作到情感交流、价值观塑造等方面。然而，无论是传统教育还是现代教育改革，在一切教育活动中，教育的中心始终是学生，教育活动都是围绕学生而展开，以促进学生的全面发展，帮助他们成为具备独立思考能力、创新精神和社会责任感的个体。学生作为教育的主体和最直接的受益者，其角色、需求以及发展目标反过来决定和影响了教育活动的设计和实施,是一切教育活动的出发点和落脚点,是制定一切教育策略和实践方案的核心依据。教育理念和实践必须始终围绕学生的实际需求和发展潜能进行调整和优化。教育者应不断反思和更新自己的教学方法,确保教育内容和方式既能激发学生的兴趣和热情,又能促进他们的全面和谐发展。从这个意义上说,学生不仅是教育活动的接受者,更是教育活动的参与者、合作者和创造者。因此,明确教育对象是学生是理解和实践现代教育理念的首要前提。因此,聚焦学生的理念不仅能够让人们更准确地理解教育的目标和意义,还能够有效地指导教育实践,确保教育活动能够真正满足学生的需求,支持他们的成长与发展。

(一)学生的本质

学生是一个独特的社会群体,不仅是社会教育结构中不可或缺的一部分,还在教育中拥有与众不同的属性和角色。这个群体的特殊性主要体现在其学习和成长过程以及对知识和技能的追求上。第一,学生是全面发展的个体。学生首先是在生理和心理上不断成长和发展的人。他们在家庭、学校、社会等多种场所接受教育,吸收知识,从而实现个人素质的全面提升。这一过程不仅包括学科知识的学习,还涉及情感、道德、社会交往等多方面的发展。因此,学生的特殊性在于他们是在持续学习和成长的人,致力成为具备多方面能力和素质的人。第二,学生是目标导向的群体。学生群体是目的性极强的集体。无论是追求基本的生存技能、学术知识水平的提高还是个人兴趣爱好,学生的学习活动都是目标驱动的。这些目标随着学生所处的生命阶段变化和个人发展需要而变化,但共同点在于学习活动的开展都是为了实现个人的成长和发展目标。因此,学生的行为不是随意的,而是有目的、有计划的,学生通过学习来满足自己的需求和追求。第三,学生是具有独特个性的学习者。学生区别于其他社会群体的独特之处在于他们所处的环境和遵循的规则十分特殊。学校是一种特殊的社会环境,为学生提供了一个相对封闭和纯净的学习空间。这里既有助于他们专注学习，也能为他们的个性化发展提供条件。在这一环境中，学生不仅能学习到知识和技能，还能学会如何作为一个社会个体来独立思考和行动。自主性和个性使每个学生都是独一无二的，每个人的学习路径和成长经历都是唯一的。从整体上看，学生作为一个特定的社会群体，其独特性不仅在于不断学习和成长的特质，还在于他们所追求的目标、所处的特殊环境和个体的独特性。学生的成长旅程是一个由内在需求和外在环境共同塑造的过程，可将他们培养成为全面发展、具备独立思考和创新能力、能够适应并贡献社会的未来成员。

（二）学生的特征

随着科技的日益进步和社会的不断发展，学生的定义已经远远超越传统的年龄限制，成为一个更为广泛和有包容性的概念。如今的学生群体不仅包括在校的未成年人，还涵盖了众多成年人，他们出于对个人发展的追求和对新知识的渴望，选择继续或重新接受教育。这种趋势反映了学习的终身性，而学生的发展特征也因此变得更加多元化和复杂。

第一，潜能开发性。潜能开发性是学生发展过程中最为显著的特征之一，它体现为学生在知识获取、技能掌握以及个性发展等方面的巨大潜力。这种特性不受年龄的局限，并且具有个体性，每一位学生都在自己的成长轨迹上拥有独特的发展阶段和机遇。虽然年轻学生的社会经验有限，但正是这种"空白页"的、未成熟的状态，为他们提供了无限的可能性去探索、去学习和去成长，他们可以自由选择感兴趣的学习领域，深入挖掘自己的潜力，发挥自己的长处，并在这一过程中发现自我、塑造自我。这种潜能开发性不仅是学生自我实现的基础，还是他们为社会做出贡献的前提。同时，这种潜能开发性不仅为个人的全面成长提供了更多的灵活性，也为社会培育了多种具有不同技能和知识背景的人才。这种潜能开发性不仅与知识和技能的学习有关，更与个人价值观、思维方式和社会责任感的形成密切相关。通过教育和自我探索，学生能够发展出更为多元化的视角,学会批判性思考和解决问题的方法,这一过程可以促进他们全面而均衡地成长,使他们能够以更加开放和包容的态度面对世界。这种潜能的开发使学生能够根据自己的兴趣和能力,选择适合自己的发展路径,无论是继续深造、进入职场还是投身社会服务,都能够发挥潜能,为社会贡献自己的力量。因此,在教育实践中,激发和支持学生潜能的开发是一个重要目标。教育者和教育机构需要提供丰富多样的学习资源和机会,创建鼓励探索和创新的环境,为学生深入而广泛地学习提供指引和参考,同时关注学生个性化的潜能发展需求,帮助他们认识自己的潜能并加以利用。这要求教育者不仅注重知识的传授,更注重能力的培养、个性的发展和价值观的塑造。

第二,社会化学习性。社会化学习性是学生发展中不可或缺的一部分,它不仅关乎对书本上的知识和技能的学习,还包括社会技能和适应能力,关乎学生如何成为一个有责任感、有能力解决问题、能够积极参与社会生活的个体。此外,社会化学习还涉及学生个人价值观、道德观念和公民意识的形成。通过与其他社会成员进行互动,学生可以意识到自己作为社会成员的角色和责任,学会尊重多元文化、理解社会多样性,并对社会问题持有自己的见解。对学生而言,这种深层次的社会化过程是一种从个体到社会成员的转变,是他们学习如何在更广阔的社会环境中找到自己位置的过程。教育系统在学生社会化学习过程中扮演着至关重要的角色,与学生的个人成长与社会化过程紧密相连。学校不仅是传播知识的场所,更是社会实践的平台,通过团队合作、社会服务、文化交流等活动,学生得以在实践中学习和体验社会生活的各个方面。这些活动不仅可以丰富学生的学习经验,更可以帮助他们在真实的社会环境中应用所学知识,发展社会技能,教会他们如何理解和适应社会规范和文化,逐步构建起对社会的深入理解,增强社会责任感,最终使学生能够理解社会、适应社会,并为社会的发展做出贡献。此外,教育系统的社会化教育还与家庭、社区以及更广阔的社会环境有密切联系,各方需要建立一种多维度的密切合作关系,共同为学生提供一个支持性的学习和成长环境。这种多方参与的教育模式能够为学生从不同角度理解社会、学习如何与不同背景的人合作、如何在多元化的社会中找到自己的位置等提供全面的帮助。

第三，依赖与自主并存性。这一特点体现了学生在成长过程中需要成年人支持与追求个人独立性之间的动态平衡。在早期教育阶段，学生依赖教师和家长提供知识、指导和保护，这种依赖是他们安全感和学习动力的重要来源。随着年龄的增长，培养学生的自主性成为教育过程中的关键目标之一，这不仅包括学术上的自我引导学习能力，还涉及对生活技能、情感调节和社会互动能力的自主管理。教育的最终目的是通过渐进的学习过程，引导学生从依赖成人逐步过渡到自我依赖，从而培养他们成为能够独立解决问题、自我激励和负责任的决策者。这一过程不是线性的，而是需要在教育者的引导下，通过不断尝试、失败和成功来实现的。在这个过程中，学生学习如何设定目标、管理时间、评估自己的学习进度，并通过自我反思来改进学习策略。

此外，依赖与自主并存性还涉及情感和社会领域的自主性发展。学生通过与同伴互动、参与集体活动并解决日常生活中的小问题，逐渐学会如何在社会关系中自我定位、如何表达和调节情感以及如何在团队中承担责任。这些社会化的学习经历对学生建立自尊、自信以及以后的职业发展至关重要。教育体系和家庭需要共同努力，为学生提供一个既能提供必要依赖，又能鼓励发展独立性的环境，包括设置合理的期望、提供选择的机会、鼓励探索和创新以及当学生遇到挑战时给予适度的支持。在这样的环境中，学生能够在安全的基础上探索自我，逐步建立起独立处理问题的能力和信心。此外，这方面的培养也能够使学生在学习和生活中找到自己的位置，发展出适应社会变化、面对未来挑战的能力。这种能力的培养是学生个人成长和发展的重要里程碑，标志着他们正逐步成为能够自主思考、自我管理、为社会做出贡献的成熟个体。

（三）学生教育理念的转变

近年来，我国现代社会的教育体系对教育、教学对象的理念发生了显著转变。传统的教育模式往往以教师为中心，强调知识的传授，在这个过程中，学生通常扮演被动的角色，是知识的接受者。然而，随着社会的进步和教育理念的发展，人们开始重视培养学生的主体性，即将学生视为教育的中心，强调其自主性、主动性和创造性，这种教育模式被称为主体性教育。主体性教育的核心在于认识到每个学生都是一个具有独立思考能力和个性化学习需求的个体。在这个框架下，学生不仅是知识的接收者，更是创造和传播知识的主体。在教学过程中，教育者应鼓励学生积极参与，通过激发和引导学生内在的求知欲，鼓励其进行探索和实践以获取知识，培养他们成为能够独立思考、自主学习、积极参与社会实践的新个体，以满足学生个人、社会以及现代教育发展的需求。在教育活动中，教师的角色也由原来的知识传授者转变成了学生学习过程的引导者和促进者，他们的主要任务是创造条件，激发学生的兴趣和潜能，帮助学生发展必要的学习技能，培养他们的创新能力和实践能力。

随着新一轮课程改革的推进，我国教育系统开始全面实施素质教育，强调以学生为本，将学生的发展放在首位。这要求教育工作者转变教学观念，从课堂教学到课程设置都要围绕如何更好地促进学生的全面发展而展开，在教学中注重学生的主体地位，关注他们的个性化需求，鼓励学生主动参与学习，发挥他们的主体作用，让学生能够在轻松愉快的氛围中学习。学生作为教育的对象，不仅是接受知识和技能训练的容器，更是具有主动性、创造性和多样性的个体。他们的需求、兴趣、背景和发展阶段决定了教育活动的设计和实施必须灵活多变、个性化和以学生为中心。因此，教育的理念和目标不仅是传授知识，更重要的是引导学生探索、思考、创新和实践，帮助他们成为能够自我学习、自我发展的人。

二、高校英语教学原则

（一）高校英语教学原则的确定

高校英语教学原则是基于深刻理解并秉承教育目标、教学法则，然后从教学的实践经验中汲取方法而归纳集成的，旨在为教育工作者提供一套系统的、科学的指导方针，以确保教学活动能够高效进行。具体而言，原则的确定不仅涉及教学目标的设定，还密切关联着如何在实践中将这些目标转化为具体的教学成果，包含教学内容的选择、教学方法的应用、教学过程的管理以及评估学生学习效果的方式等方面。它需要在长期的教学实践中逐渐形成，需要反映教学活动的内在规律和规则，不是一蹴而就的。一旦教学原则形成，它就会成为教师和教育管理者在日常工作中不可或缺的参考和依据。

在确定高校英语教学原则时，需要注意以下几点：第一，需强调教学的目的性。教学原则必须服务特定的教育目标，这些目标往往是多方面的，不仅有学生对语言知识的掌握，还有学生综合能力的培养、思维能力的提升以及跨文化交际能力的增强等。这就要求教学原则能够全面覆盖教学活动的各个环节，确保每个步骤都能对实现教学目标做出贡献。第二，教学原则的形成和应用必须建立在深刻理解教学规律的基础上。教学活动不是随意进行的，它遵循着特定规律，如学习动机的激发方法、认知过程的规律、记忆和遗忘的机制等。有效的教学原则能够帮助教师合理地安排教学活动，使教学更加科学、合理，从而提高教学效率和质量。例如，在长期的教育实践探索中，教育者会逐渐意识到单纯追求新颖的教学方法和技巧而忽视教学原则的指导作用无法确保教学质量。因此，建立和遵循科学的教学原则是提升英语教育质量的关键。这不仅包括教学内容的选择、教学方法的应用，更重要的是通过有效的教学管理实现这些目标。实践证明，只有那些经过长期检验、能够真正指导教学活动并在实践中显示出有效性的原则，才能成为指导教学的可靠准则。

这些原则的形成和完善不仅基于大量的教学实践和研究，而且这一过程体现了教育理论与实践的深度融合。随着教育理论的不断发展和教学实践的深入，英语教学原则也在不断更新、发展和丰富，以适应时代发展的需求。20 世纪 80 年代以来，随着我国英语教育事业的迅速发展，我国的英语教学原则也随之发生了显著变化。教学理论和方法的创新为英语教学实践提供了丰富的资源。这些创新不仅推动了英语教学方法的多样化，还促进了教学管理理念和体系的完善。在此过程中，一些经过实践检验的通用原则逐渐被教育界接受，并在实际教学中得到应用，为提升教学质量、促进学生的全面发展提供了坚实基础。

综上所述，高校英语教学原则的制定和实施是一个复杂而系统的过程，它既需要教育者深入理解教学活动的内在规律，也需要他们在长期的教学实践中不断探索和总结经验。通过科学的教学管理，以及对这些原则的有效应用，不仅可以推动英语教育质量的提升，还可以促进教育改革的深入发展，为学生的全面发展创造更加有利的条件。

（二）高校英语教学原则

具体来说，高校英语教学应遵循的原则如图 1-3 所示。

图 1-3　高校英语教学原则

1. 交际性原则

英语是一种语言，交际性原则强调英语语言作为沟通工具的本质功能，要求在英语教学中，教师不仅应传授语言知识，还应培养学生的实际交际能力与将理论知识付诸实践的应用能力。这一原则认为，学生应能在真实或模拟的社交场景中有效使用英语，进行信息交流和文化互动。因此，教师的任务是通过设计、组织具有交际性的教学活动，促进学生语言实践和社交互动能力的发展。

教学过程的交际化意味着教学活动应模拟真实的交际情境，以增强学生的语言应用能力。教师应设计互动性强的课堂活动，如角色扮演、小组讨论、辩论会等，让学生积极用英语进行思考和表达。例如，在教授餐厅用餐的相关词语时，教师可以设计模拟餐厅情景的活动，让学生扮演顾客和服务员，通过实际对话练习点餐、询问和支付等交际活动中会用到的英语表达。这种情景模拟有助于学生理解词语和句式在实际语境中的应用方法，提高他们的语言实践能力。

教学内容的语境化要求教师将语言知识点放入具体的文化和生活背景中进行教学，使学生能够在理解语言的同时，掌握语言的文化内涵。英语教学不应脱离实际语境，教师需要引入文化背景知识，如英国和美国的历史、风俗习惯、社会规范等，将语言学习与文化理解相结合。通过这种方式，学生不仅能学习语言本身，还能深入了解英语国家的文化特点，提升跨文化交际能力。

交际性原则还强调非言语交际的重要性，如肢体语言、面部表情和语调等，这些非言语元素在交际中扮演着重要角色。教师应在教学中引导学生注意这些非言语交流元素，帮助他们更全面地理解和运用英语进行有效交流。例如，教师可以展示人在不同情感状态下常用的英语表达方式，让学生通过模拟练习来体验和学习如何在交际中合理运用非言语元素。

在具体实施交际性原则时，教师还需注意学生的个体差异，采取灵活多样的教学方法，满足不同学生的学习需求和风格。通过个性化的教学设计，教师可以更有效地激发学生的学习兴趣，提高他们的交际能力。

2. 循序渐进原则

英语教学的循序渐进原则体现了语言学习的层次性和递进性，这一原则在语言教育领域被广泛认为是促进有效学习的关键原则。从认知心理学的视角来看，循序渐进原则强调教师应设计与学习者的认知发展水平相适应的教学步骤。根据让·皮亚杰（Jean Piaget）的认知发展理论，学习者通过逐步变得复杂的认知结构建构知识。因此，在英语教学中，教师应设计符合学生认知水平的教学内容和方法，从而让学生有效地认识和学习语言。例如，在学习初期重点培养听力和口语能力，可以帮助学生构建基础的语言框架和音韵意识，为后续的阅读和写作学习打下基础。斯蒂芬·克拉申（Stephen D. Krashen）的输入假设理论从二语习得理论的角度强调，学习者需要接受略高于其当前语言水平的输入以促进语言能力的发展。循序渐进原则与此相呼应，强调逐步提升教学难度，确保语言知识的输入既不超出学生的理解范围，又能使他们的语言能力得到发展。在实际教学中，这意味着教师需要根据学生的语言水平，有计划地引入新的语言结构和词汇，同时重复和巩固旧的知识点，以促进学生语言能力的整体提升。此外，在教育策略的设计上，循序渐进原则要求教师分层次设计教学活动，从简单到复杂、从具体到抽象逐步推进。这一过程中，形成性评价的使用至关重要，它可以帮助教师及时了解学生的学习情况，调整教学策略以满足学生的学习需求。例如，在英语教学中，教师可以通过设计适应不同学习阶段的任务，如听力填空、角色扮演、阅读理解和论文写作，逐步提高任务的复杂度和挑战性，以提高学生的语言综合应用能力。总之，英语教学的循序渐进原则不仅是一种教学方法的选择，在更深层次上，它还是一种基于认知心理学和二语习得理论的教育实践。通过科学的教学设计和有针对性的教学策略，循序渐进原则能够更有效地促进学生语言能力的发展，帮助他们逐步建立起对英语的全面理解，提高他们的英语应用能力。

3. 多元化原则

在现代教育理念中，教学多元化原则是提高教学效果和满足学生多样化需求的重要途径，多元化是一个多维度的概念，要求教学内容、方法和活动、教学评价等均应具有灵活性和多样性，以适应不同学生的学习风格、兴趣和需求。第一，课程内容的多元化。课程内容的多元化反映了教育者对学生个性差异和需求的深刻理解。在大学英语教学中，固定的必修课程往往难以满足所有学生的学习需求。因此，教育者应引入知识面更广泛的选修课程以及课外课程，从而丰富学生的学习体验。这种课程设置的多样性不仅可以增强学生的学习动力，还可以帮助他们根据自己的职业规划和兴趣选择合适的学习路径。第二，教学方法的多元化。在教学方法上，多元化原则强调应结合传统教学与现代教育技术，如多媒体和网络资源，创造更加丰富和具有互动性的学习环境。传统的教师中心式教学模式应逐步向学生中心转变，鼓励学生通过项目合作、研讨会、案例分析等活动主动学习。教学方法的多样化不仅能够为学生提供更广泛的视角和更深入的学习体验，还能够培养学生的批判性思维、问题解决能力和团队合作精神。第三，课堂活动的多元化。课堂活动的多元化是实现个性化教学的有效途径。通过设计不同类型的课堂活动，如模拟实践、角色扮演、小组讨论等，教师可以创造各种学习情境，使学生能够从多个角度和维度理解和应用所学知识。教学活动的多样化有助于激发学生的学习兴趣，提高他们的参与度和互动性，进而促进学习效果的提升。第四，评价方式的多元化。评价方式的多元化强调在评价过程中应综合运用不同的评价方法和工具，以全面了解学生的学习情况。评价方式的多元化意味着要超越传统的笔试和闭卷考试的局限，引入口头表达、实际应用、项目展示等多种评价形式。这样的评价不仅关注学生的知识掌握程度，更重视他们将知识应用于实际情境的能力。例如，模拟面试、角色扮演和团队项目等形式的评价可以更好地考查学生的口语交际能力、团队合作能力和问题解决能力。评价的参与者应多元化。除了教师的评价，同伴评价、自我评价甚至外部评价也应被纳入评价体系中。这种多元参与的评价模式有助于建立更加开放和包容的学习环境，促进学生的自我反思和相互学习。通过这种方式，学生可以从多个视角获取反馈，这有助于他们全面了解自身的学习状况和提升空间。评价的内容也应多样化。在命题和考核内容的设计上，教师应确保题目既能覆盖课程的核心知识点，又能激发学生的思考和创造力。此外，评价应综合考虑学生的语言运用能力和文化理解能力，不必局限于语法和词汇的测试，而是要涉及学生对英语文化的理解和应用。

4. 兴趣性原则

遵循兴趣性原则在英语教学中的核心作用是激发学生内在的学习动机，从而提高学习效率，深化语言理解。这一原则以心理学和教育学的认知为基础，认为兴趣是驱动学习的重要内在动力，它能够引导学生主动探索和深入学习。第一，遵循兴趣性原则有助于提高学生的学习动机。根据自我决定理论，内在动机，如对学习内容的兴趣和好奇心，是最持久且有效的学习驱动力。当学生对学习内容感兴趣时，他们更倾向主动学习和探索，这种主动性是学习成功的关键。因此，在英语教学中强调对兴趣的培养，可以使学生在学习过程中保持高度的积极性和主动性。第二，遵循兴趣性原则可以提高学生的认知参与度。兴趣不仅能引起学生的注意，还能促使他们更加专注学习活动。深层次的认知参与是理解和记忆新知识的关键。当学生对某个话题感兴趣时，他们可能投入更多的认知资源去处理相关信息，这能促进学生更深层次的理解和长期记忆的形成。第三，遵循兴趣性原则有助于促进学生综合语言能力的发展。兴趣可以激励学生通过多种方式和渠道获取语言输入，如阅读、观看英语电影、参与英语讨论等。这种多样化的语言实践有助于学生在不同语境中应用英语，增强他们的语言适应能力和交际能力。第四，遵循兴趣性原则也有助于培养学生的自主学习能力。兴趣驱动的学习过程能够激励学生自发地设置学习目标、寻找学习资源和评估学习成果，这些都是自主学习的重要组成部分。随着学习的深入，学生的自我调节能力和学习策略也将得到提升，这对他们培养终身学习的习惯具有重要意义。

5. 学生中心原则

学生中心原则是现代教育理论的核心概念之一，它主张将学生的需求、兴趣和经验置于教学活动的中心，强调学生在学习过程中的主体地位。这一原则源于构建主义学习理论，该理论认为，学习是一个主动的、建构的过程，学生通过与知识的互动来构建自己的理解和意义。在以学生为中心的教学模式中，学生不再是被动接受知识的容器，而是积极参与、探索和构建知识的主体。教师的角色由知识的传递者转变为学习的促进者和指导者，他们主要负责创设学习环境、提供资源、指导学习过程和反馈学习结果。这种教学模式强调以学生为中心，注重学生的个性化需求和自主学习，鼓励学生通过实践和探索获取知识和技能。

　　学生中心原则在教育实践中的应用具有深远意义。首先，它有助于培养学生的批判性思维和解决问题的能力。在学生中心的教学环境中，学生被鼓励提出问题、探索答案并通过讨论和合作深化理解。这一过程提高了学生的主动性，使他们在解决实际问题中发展独立思考和批判性分析的能力。其次，学生中心原则强调学习路径的个性化。每个学生的学习风格、兴趣和能力各不相同，制订个性化的学习计划可以更好地满足学生的需求，提高学习效率和效果。这要求教师了解每个学生的特点，并为其提供适宜的学习资源，以支持学生的个性化学习和发展。最后，学生中心原则促进了学生自主性和自我调节能力的发展。在这种教学模式下，学生需要自己设定学习目标，管理学习过程，并对学习结果进行反思和评价。这种自主学习的过程有助于学生培养自我管理和自我反思的能力，对其终身学习和个人成长具有重要影响。在实施以学生为中心的教学时，教师需要采取灵活多样的教学策略和评价方法。教学策略应更加注重激发学生的主动性和创造性，例如，组织项目式学习、问题导向学习和翻转课堂等活动，让学生在真实的或模拟的情境中学习。评价方法也应更加关注学生的学习过程和能力发展，而不仅仅是学习结果。评价方法应以形成性评价和自我评价为主，鼓励学生反思和改进学习策略。

　　总之，学生中心原则强调在教学设计和实践中以学生的需求和经验为核心，促进学生的主动参与和全面发展。这一原则不仅改变了教师的教学角色，还要求学生在学习过程中承担更多责任。通过实施以学生为中心的教学策略，教师可以有效提高学生的批判性思维、问题解决能力、自主学习能力以及终身学习能力，为学生的全面发展奠定坚实基础。

第三节 英语文化教学

一、文化教学的内涵

在高校外语教学中,文化教学指的是将语言学习与目标语国家的社会文化背景、历史、价值观和社会习俗等文化元素相融合的教学方法,不仅强调语言知识的传授,更注重融入目标语言国家的文化元素,包括历史、文学、艺术、社会习俗等,进行二者的融合教学,让学生理解语言背后的文化因素,以培养学生的跨文化交际能力。需要强调的是,大学英语文化教学中的一个认识误区是将文化教学局限于教授目标语,即英语国家的历史、地理、风土人情等,而忽略了文化交流的双向性。英语教学中的文化不仅包括英语国家的文化,还包括学习者本国的文化和对母语与目标语文化之间相似性与差异性的识别,以及进行两国文化的思维转换等内容。文化教学应促进学生对本国文化的认同与文化自信,促进其对目标语文化以及其他不同文化的理解和欣赏,增进其对本土文化和目标语言文化之间相互关系的理解,实现文化的双向交流和融合,并使其学会在不同文化背景下有效交际。

在中国,高等教育英语教学的相关规范和文件如《大学英语课程教学要求》等文件明确强调了英语教学中文化教学的重要性,指出高等院校的英语教学应致力拓宽学生的国际视野,发展学生的跨文化交际意识,提高他们理解和运用英语进行有效交际的能力。因此,实施文化教学,培养学生的文化意识是英语教学的核心内容和目标之一。文化意识的培养是一个分层次的过程。在最初阶段,学生可能仅能识别和描述目标文化的一些显著特征,但对其深层含义和背后的价值观理解不足。随着文化学习的深入,学生对文化差异更加敏感并理解其含义,能从理性和认知的角度分析和评价这些差异。最高阶段要求学生能够深入体验和理解目标语言的文化，学会从目标文化的视角审视问题，实现真正的文化共鸣和理解。

二、文化教学的内容

查斯顿（Chastain）提议在外语教学中逐步从狭义的文化扩展到广义的文化，列出了多个主题为狭义文化教学的纲要，包括生活方式、社会制度、经济、政治活动等多个方面。斯特恩（Stern）概括了外语学习者应学习的六大文化教学内容，包括个体及其生活方式、民族及社会、地理、历史、艺术与文学成就，以及制度和习俗。这些内容涵盖了从个体到社会、从地理到历史、从艺术到制度的广泛领域。将这些领域进行归纳，文化教学的内容可以分为三大部分：言语交际文化、非言语交际文化和社会文化与风俗礼仪文化，如图1-4所示。

图1-4 文化教学的内容

（一）言语交际文化

言语文化在文化教学中占有重要地位，其内容主要涵盖语音、词汇和语法三个方面。首先，语音是语言学习的基础，直接体现了一个地区或群体的文化特征，以美国南方口音为例，它的特点是元音被拉长、辅音被软化，如"about"的发音接近"ah-bout"，这种发音特征体现了美国南部地区的历史和文化，如悠闲的生活节奏和亲切的社交方式。相比较之下，纽约口音，特别是其较快的语速和明显的辅音发音，反映了纽约这个大都市快节奏和高强度的文化属性。再如，英音和美音之间的明显区别。英音和美音在元音发音上有明显差异，例如，单词"dance"和"chance"中的元音音素在英音中读作 /ɑ:/，而在美音中读作 /æ/，英音中的 t 在词中位置时通常清晰发音，如"butter"发音为 /'bʌtə(r)/，而美音中的 t 往往发音软化，这些都与该国文化与传统有密切关系。通过这样的对比，学生可以学习到语音不仅是发音的差异，还在更深层次上体现了不同地区的文化特征和社会背景这一规律。在词汇方面，英音倾向使用"-our"结尾，而美音使用"-or"，如英国拼写的"colour"和美国拼写的"color"。词汇反映了一种文化的价值观和社会结构。在英语中，red 可以代表爱情、危险或愤怒（如 red with rage），而在中国文化中，红色通常与喜庆、好运和繁荣相关联，是传统婚礼和节日庆典中的主要颜色。在语法层面，语法结构不仅是语言的骨架，还深刻反映了特定文化的思维模式和交际风格。语法的教学应该超越语言本身，触及其背后的文化内涵。例如，中英文的语法差异反映了两种不同的文化思维习惯。英文的语法结构倾向形式逻辑性，这反映了西方文化中重视逻辑和线性思维的倾向。例如，英文中经常使用严格的主谓宾结构来明确表达意思，如"The boy kicked the ball"（那个男孩踢了球）。这种表达方式直接、明确，体现了西方文化中直接交流的风格。相比之下，中文更强调意合和上下文的关联性，这体现了东方文化中重视整体性和关系连贯性的思维模式。因此，在文化教学中，教师应强调语法学习的文化维度，不仅教授语法规则，还要揭示这些规则如何反映特定文化的价值观和交际习俗。这样的教学方法有助于学生对语言建立更加全面和深入的理解，促进对跨文化交流和英语思维的培养。

（二）非言语交际文化

非言语交际文化是文化教学中不可或缺的一部分，它通过人们的身体语言、行为习惯和使用物品的方式传递文化信息和情感。在不同的文化背景中，这些非言语元素可能具有不同的含义和社会价值。第一，体态语。体态语是通过身体的姿势、动作来交流意图和情绪的非言语交际方式。例如，在多数文化中，点头表示赞同或理解，但在保加利亚等少数文化中，点头可能表示否定。同样，站立姿势、坐姿、走路的方式都能传递个人的状态、社会地位和对周围人的态度。在文化教学中，引导学生理解和适应不同文化中体态语的差异对促进有效的跨文化交流至关重要。第二，副语言。副语言包括沉默、笑声、叹息、咳嗽等非词汇的声音元素，以及话轮的接续，它们在交际中承载着丰富的信息。在西方文化中，沉默可能被解读为尴尬或不同意。因此，在非言语交际文化教学中，了解副语言的文化特性对理解沟通双方的意图和情感非常重要。第三，客体语。客体语涉及个人的外观、装饰（如服饰、首饰、文身）以及使用的物品等方面，这些都能反映一个人的文化背景、社会身份和个人品位。例如，服装的选择在不同文化中具有不同的社会和心理意义。在商务场合，西方国家往往强调正装，以体现专业性和尊重；而在一些东方文化中，改良的传统服饰则可能更受重视，以体现对传统和文化的尊重。第四，环境语。环境语包括个人与环境的互动方式，如个人空间的使用、时间观念、对场所的安排和使用等。

（三）社会文化与风俗礼仪文化

社会文化与风俗礼仪文化在文化教学中占有重要地位，它们不仅是语言学习的一个方面，更是理解和融入一种文化所必须学习的内容。这部分内容涉及交际场合、人际关系、礼仪习惯、价值观念等方面，对预防和减少跨文化交际中的误解和冲突至关重要。在文化教学中，首先，教师需要向学生介绍不同文化背景下各类交际场合的特点。不同文化对正式和非正式场合的界定不同，这影响着人们的言行举止。例如，在西方文化中，正式场合如商务会议和官方晚宴有严格的着装和礼仪标准，而在东方，尤其在中国，正式场合还强调礼节和适当的称呼。通过这些内容的学习，学生可以更好地适应不同文化的社交环境，避免在重要场合犯错误。其次，礼仪习惯是理解社会文化不可或缺的一部分。礼仪不仅涉及日常的问候和道别，还包括特定场合下的行为准则，如餐桌礼仪、赠礼习惯以及社交聚会的行为规范。在不同文化中，这些行为准则可能截然不同。再次，价值观念是社会文化的核心，深刻影响着个体和集体的行为。不同文化对荣誉、诚信、责任、自由、平等等价值观的理解和表达方式各不相同。在教学中探讨这些价值观念的差异有助于学生深入理解不同文化的内在逻辑和行为动机，从而在跨文化交流中做出更合适的反应。最后，风俗礼仪教学不仅仅是传授知识，更是培养学生的文化敏感性和适应能力。教师应通过应用案例分析、角色扮演、模拟交际等教学方法，帮助学生在实践中学习和应用这些文化知识。同时，通过讨论和反思，学生可以更深入地理解自己的文化和其他文化的相似性和差异性，从而发展跨文化理解和尊重。

三、文化教学的重要性

针对外语教学领域的文化教学的重要性，多位学者进行了广泛而深入的研究，取得了显著成果。例如，早在20世纪40年代，查尔斯·弗赖斯（Charles Fries）及其学生罗伯特·拉多（Robert Lado）等人便开始探讨文化在语言教学中的重要性。弗赖斯认为，在外语教学中融入文化内容是必要的，文化不应仅仅被当作实用语言课的附属元素，文化教学应贯穿语言学习的各个阶段，了解目标语言国的文化和生活情况对学习该语言至关重要。拉多进一步深化了文化教学的理念，他认为语言是文化的一部分，只有理解了文化背景，才能有效地教授语言，并正确使用语言进行交际。戴尔·海姆斯（Dell Hymes）在乔姆斯基的"语言能力"概念基础上，提出了"交际能力"的概念。他认为，交际能力不仅包括掌握语言的形式规则，还应包括理解和运用语言的社会文化规则。海姆斯的观点强调在外语教学中整合社会文化因素的重要性，主张通过自然的教学方法，将社会文化因素融入学习活动中，使学生在实际交际中自然地领会和应用这些社会文化规则。德国语言学家克莱尔·克拉姆（Claire Kramsch）认为文化教学应从理解学习者自身的文化行为、习惯、矛盾和偏见开始，强调文化学习的多面性和多元化，理解本民族文化能够深化学习者对自身母语文化的认识。乔治·摩尔（George Moore）继承并发展了克拉姆的理念，认为文化教学应作为"全语言"教育的一部分，其中学生是教学的焦点。提奥·杜斯特伯格（Theo Duesterberg）进一步探讨了母语文化的重要性，提出教师应帮助学生认识自己在文化形成中的作用。他主张文化教学应关注学生自身以及他们在文化形成中的角色，教育学生理解和调和文化差异所带来的矛盾。

从上述学者们的观点中可以看到，文化在语言学习中占有举足轻重的地位，具体来说，文化教学的重要性可归纳为以下四个方面，如图 1-5 所示。

文化教学是语言教学的一部分

文化教学是进行有效跨文化交际的关键因素

文化教学是素质教育的重要组成部分

文化教学在促进国际交流和合作中起着至关重要的作用

图 1-5　文化教学的重要性

（一）文化教学是语言教学的一部分

文化教学在语言学习中的必要性源于语言和文化的不可分割性。语言不仅是沟通的工具，还是文化的表达载体，反映了一个社群的历史、价值观和社会行为。因此，理解语言的文化背景是掌握语言的关键。如果忽略文化教学，语言学习就可能变得表面化，仅限于对词汇和语法的机械记忆。这样学生可能无法充分理解语言中的隐含意义和文化细节。这种脱离文化背景的语言学习容易导致误解和沟通障碍的产生。例如，同一词语或表达在不同文化中可能有完全不同的含义和使用场合。进行文化教学可以显著提升语言教学的效果。它能够帮助学生理解语言的深层含义和使用语言的社会文化背景，使他们更自然、更准确地使用语言。

通过了解语言背后的文化，学生能够更好地把握语言的情境用法，理解不同语境下言辞的细微差异，提高语言的运用能力。总之，文化教学不仅是语言教学的重要组成部分，还对语言的深入理解和有效运用发挥着至关重要的作用。它确保语言学习不再停留在字面层次，而是深入文化层面，从而实现语言能力的全面发展。

（二）文化教学是进行有效跨文化交际的关键因素

在提高学生跨文化交际能力过程中，文化教学扮演着重要角色。随着经济全球化进程的加速和国际交流的日益频繁，我国对具备良好跨文化交际能力的英语人才的需求日益增长。因此，在英语教育中，除了传授基础的语言知识，如语音、词汇、语法以及听、说、读、写、译的技能，熟练掌握英语背景的文化知识变得尤为重要。文化教学不仅包括了解英语国家的历史、地理、政治、经济、艺术和社会习俗等，还涉及理解和分析这些文化元素如何影响人们的交际行为和语言使用方式。这种教学能够帮助学生建立起文化意识，识别并理解自身文化与他国文化之间的异同，从而有效避免文化误解和冲突，促进跨文化的理解与尊重。更进一步来说，文化教学的目标是培养学生的跨文化交际能力，使其在不同的文化背景下能进行有效沟通。这不仅是指正确使用语言，还包括适应不同文化情境的交际方式，如非言语交际（肢体语言、面部表情等）、社交礼仪、谈话禁忌以及谈判和解决冲突的方式等。通过对文化差异的深入理解和分析，学生能够更加敏感地捕捉到不同文化的细微差别，并学会如何在多元文化背景下有效地进行沟通和交流。

（三）文化教学是素质教育的重要组成部分

文化素养是素质教育中不可或缺的一部分，是 21 世纪公民必备的核心素养之一，进行文化素养教育不仅能够促进学生文化素养的提升，还能够帮助学生建立起看待世界的广阔视角，增强学生理解和欣赏不同文化的能力，从而促进学生情感、认知和道德的发展，进而实现学生的全面发展。一个具备较高文化素养的个体能够更好地理解自己和他人，展现出同情心和包容性，这些都是现代社会公民所需要具备的关键品质。此外，文化教育还能够培养学生的批判性思维、创造性思维和解决问题的能力。通过接触和分析不同文化的艺术作品、历史事件和社会现象，学生可以学会从多个角度深层次理解问题，从而提高自己的分析和反思能力。在社会层面，文化素养的重要性体现为对社会包容性和多元文化发展的促进。一个文化素养高的社会能够更好地理解和尊重不同的文化背景和价值观，而文化冲突和矛盾的减少也会促进社会的和谐与稳定。此外，文化素养还有助于使公民形成对社会公正和伦理的深刻理解，从而推动社会公平和道德的发展。由此可以看到，文化教学不仅丰富了学生的知识结构，更为其全面素质的提升提供了必要支撑，是素质教育体系中不可或缺的一部分。

（四）文化教学在促进国际交流和合作中起着至关重要的作用

文化教学在促进国际交流和合作中起着至关重要的作用。外语教学的核心目标不仅是掌握语言技能，更重要的是以语言为媒介来实现跨文化的理解和交流。在经济全球化加速发展的当下，各国经济、文化的紧密联系使跨文化交流变得尤为重要。对中国而言，提升国民的外语交际能力不仅是经济发展的需要，还是深化教育改革、提高国际竞争力的关键。在这一背景下，文化教学应被视为外语教育的核心组成部分，它关乎如何有效地与不同文化背景的人进行沟通和理解。这不仅要求学生掌握语言本身，更要求他们理解和尊重不同文化的习俗、价值观和思维方式。因此，外语教学不应局限于语言知识的传授，还应涵盖广泛的文化内容，包括历史、艺术、社会习俗等，以促进学生全面理解和接纳不同文化。要实现这一目标，教学大纲、教材设计、课堂教学、语言测试和课外活动都应综合考虑文化教学的需求。其中，教学大纲应明确文化教学的重要性和目标，教材设计需融入丰富的文化元素，课堂教学应采用多种教学方法，语言测试要评估学生的跨文化交际能力，而课外活动则应提供实际的跨文化交流机会。这种全面的文化教学不仅能提高学生的语言能力，更能深化他们对不同文化的理解和尊重，从而促进中国与其他国家的有效对话与合作。这种跨文化的沟通和理解是建立国际合作的基石。因此，文化教学是实现国际交流和合作的必要条件，对培养具有国际视野和跨文化交际能力的人才至关重要。文化素养对国际交流与合作也具有重大意义。它不仅可以减少跨文化交流中的误解和隔阂，还可以促进不同文化之间的理解和尊重，为国际合作提供坚实的文化基础。文化素养高的个体能够在国际交往中与他人更有效地沟通和协作，有助于促进世界和平与发展。

第二章 高校英语教学模式

第一节 英语教学模式概述

一、教学模式的定义

在国外学者对教学模式的定义和研究方面，美国教学研究者布鲁斯·乔伊斯（Bruce Joyce）和玛莎·韦尔（Marsha Weil）的工作颇具影响力。他们在著作《教学模式》中，对流行的教学模式进行了全面系统的研究，并且将教学模式界定为一种用于构建课程、选择教材以及指导教师活动的框架或计划。[①] 这一定义强调了教学模式在教育过程中的规划和组织作用。对此观点，有学者认为，将教学模式仅视为一种"计划"或"范型"过于简化了其内涵，教学模式不只是一个外在的组织或计划，它更深层次地体现了教学的思想和理论。这种理解强调了教学模式是一种蕴含深厚教育理念和策略的系统性结构，而不仅仅是教学过程的一个外部计划。美国比较政治学者比尔（Bill）和哈德格雷夫（Hardgrave）对"模式"的定义提供了进一步洞见。他们认为"模式"是现实的理论性表达，是一种简化的表达形式。从他们的视角来看，模式主要有三层含义：首先，模式是对现实的抽象和概括，以现实为依据。其次，模式

[①] 乔伊斯.教学模式[M].荆建华，宋富钢，花清亮，译.北京：中国轻工业出版社，2002：112.

是一种理论性的表达,不仅仅是一个具体的工艺、方法、方案或计划。最后,模式具有简化的特征,旨在以简洁明了的方式表达复杂现象。比尔和哈德格雷夫的定义为教学模式提供了深刻的理论基础,强调了教学模式作为现实教学经验和理论研究相结合的产物,既是对教学实践的抽象概括,也是对教学理念和策略的理论化表达。这种定义更全面地揭示了教学模式的本质,即它不仅仅是实践中的教学安排,更是蕴含教育理念和方法的理论体系。这样的理解有助于深化人们对教学模式的认识,促进其在实际教学过程中的有效应用和发展。

国内学者对教学模式的研究和定义具有多样性和层次性,多维度地揭示了教学模式的内涵和功能。从整体上看,国内学者对教学模式的研究可以归纳为六种不同观点,具体如下:

第一,一些学者倾向将教学模式视为教学方法或教学方法的集合,他们认为模式就是方法,或者认为教学模式是教师在课堂教学中运用的各种方法和技巧的综合体。虽然这种观点强调了教学模式在实际教学活动中的应用性和实践性,但简化了教学模式的概念,将模式仅仅归纳于方法论范畴,使之主要聚焦教学方法的选取和应用,而忽略了其更广泛的教学设计和规划等功能。

第二,一些学者认为教学模式不仅仅是教学方法的应用,其与教学方法之间既有联系,也有区别。教学模式是多样的教学方法在特定的时间、地点和条件等背景条件下通过独特的空间布局和时间序列综合规划并且有机结合构筑而成的,并且由于不同的方法组合排列不同,从而形成了不同模式。

第三,一些学者将注意力聚焦到教学模式与教学结构的关系上,将二者紧密地联系起来,认为教学模式是在特定教学理念的引导下教育者对教学结构进行的主观筛选和安排,强调了教学模式在组织和安排教学活动中的结构化特征。结构即事物各要素之间的组织规律和形式,对于英语教学而言,结构的各要素即教师、学生、教材、教学步骤等。这种定义更多地考虑了教学模式在实现教学目标和优化教学过程中的结构与框架作用，即如何有效地组织教师、学生、教材等教学要素以及如何设计教学过程中的各个阶段和环节，虽然它指出了模式的本质，但是不够全面。

第四，该观点将教学模式归为"过程说"，将教学模式与教学过程进行联系，认为"教学模式"等同于"教学过程的模式"，是在特定的教学思想的指导下，为实现既定的教学目标与内容，而对教学各要素进行设计的一种简化而稳定的结合形式和活动流程。

第五，教学模式是在一定教学思想的指导下，为了完成特定的教学任务而形成的稳定的教学程序及其实施方法的策略体系，将教学模式视为一种包含教学理念、教学目标、教学内容、教学方法和评价标准等多个维度的复杂系统，试图从宏观角度把握教学模式的全貌，强调教学思想在指导教学实践中的重要作用。对于教学模式、教学程序、策略体系三者之间有什么区别和联系，这种定义不仅没有指出，反而有将三者混为一谈的趋势。

第六，着重教学模式的性质，认为教学模式是一种在教学实践中形成的设计和组织教学活动的理论，突出强调教学模式是在教学实践中逐渐形成并且以一种简化的形式被提炼出来的，是一种理论化产物，突出了教学模式的理论性、抽象性和概念性。

这些定义为人们了解教学模式提供了多维度的参考视角和理论基础，有的强调教学模式的方法论特性，但忽视了其深层的教育理念和价值导向；有的则过于强调结构或理论化的方面，而未能充分考虑教学模式在实践中的灵活性和动态性。站在前人研究的基础上，本书在深入研究和探讨教学模式时，采取了一种综合性和多元化的视角，认为教学模式应当被理解为一种综合的教学设计，既包含教学方法和技术的应用，也涵盖教学理念、教学目标、内容安排、学习活动设计、评价策略等维度，它是一个动态发展过程，既要基于教学实践的经验，也要不断进行理论创新和更新。因此，教学模式可以被定义为在特定的教学思想和理论指导下形成的一套规范化的教学流程或框架。它不是教学活动的简单排列，而是一个复杂且动态的系统,是教育理念、教学策略、学习过程与评估方式的综合体现。它通过将抽象的教学理论具体化、系统化,转化为可执行的教学步骤和策略,使教学过程更加条理化、高效化。同时,教学模式是基于长期教学实践的经验总结和理论研究的深入而形成和发展的,它既是教育实践的产物,也是教育理论的应用,对于指导教学实践和提高教学质量具有重要意义。

随着教育理念和科技的发展,教学模式也在不断演变和更新。在传统的教学模式中,教师通常是知识的传递者,而学生则是知识的接受者;而在现代的教学模式中,教师更多地充当引导者和促进者的角色,鼓励学生积极参与、探索和发现,以培养学生的批判性思维和创造性解决问题的能力。信息技术的应用和出现使英语教学有了远程教学、翻转课堂、混合式学习等新型教学模式,这些模式打破了传统教学的时间和空间限制,为学生提供了更灵活多样的学习方式,为教师提供了更广阔的教学策略选择。教学模式的设计和应用需要综合考虑时代背景、教学目标、学生特点、教学内容、教学资源等多方面因素,其确定不是一蹴而就的,其开发和优化是一个持续的过程,需要教育工作者不断进行实践探索、理论研究和经验总结。有效的教学模式应当能够促进学生的主动学习,激发其学习兴趣,发展其批判性和创造性思维,同时能够提高教学效率,实现教学目标。在实践中,教学模式的应用效果需要通过定期的评估和反馈来持续优化。这种评估不仅涉及学生的学习成果,还包括教学过程的有效性、教学资源的利用情况和学生的学习体验。通过动态的评估和调整过程,教学模式能够更加精细地匹配教学需求和学生需求,从而实现教学活动的优化。总之,对于教学模式的研究和应用是教育领域的一个重要方面,对教学模式的深入理解和准确定义有助于推进教学理论的发展和提高教学实践的效果,它不仅关乎教学质量的提高,还关乎学生的全面发展和学习效果的最大化。深入分析教学模式如何能够适应教育发展的新需求、如何在不同教学环境和文化背景下进行有效的应用和调整、如何在快速变化的现代社会中持续探索和优化教学模式等问题，可以为教育实践提供更加科学、系统和有效的指导，进而提高教育质量和效果，促进教学理论的创新和教学实践的改进，更好地应对教育挑战，培养适应未来社会发展的高素质人才。

二、教学模式的特征

教学模式作为教学过程的一种蓝图和指南，具有一些显著特征，包括实操性、针对性、多样性、简约性、高效性和结构性，如图2-1所示。分析这些特征能帮助人们深入理解教学模式的内在逻辑和操作机制，助力教育工作者设计和实施更有效的教学模式，调整教学方法，以满足不同学习者的需求，从而促进学生的全面发展并提升教学的整体质量和效果。

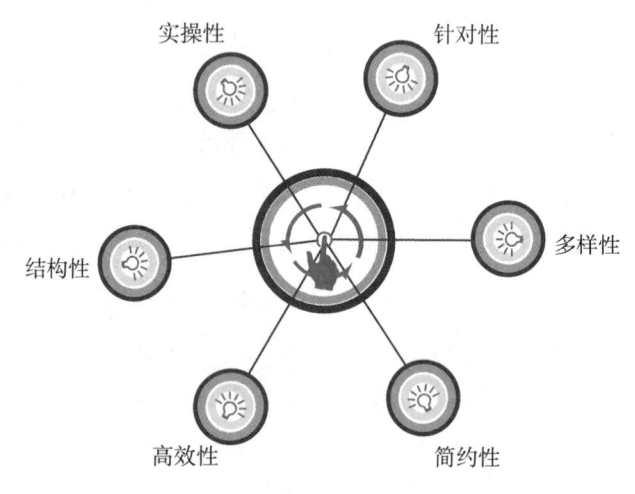

图 2-1 教学模式的特征

（一）实操性

教学模式的实操性是其核心特征之一。与抽象的理论不同，实操不是空泛的理论推演，而是基于特定的教育视角、立场和侧重点，紧密贴合教学现实来实践，包含了一系列可操作的指导原则和步骤，旨在使教育工作者能够直观地理解、掌握实操并应用于实际教学。实操具有强烈的实用性和应用性，在教学实践中具有明显的指导价值。这种特点使教学模式成为连接理论与实践的桥梁，有效地促进了教学理念的落地和实施。教学模式的实操性进一步体现在其易于传授和学习的特点上。教师可以通过学习特定的教学模式，获得完成教学任务所需的具体技术、技能和策略。这种学习过程往往伴随着示范和模仿，使教学模式不仅可以作为理论知识的传递，还是教学技能和方法的实践传承。因此，实操性强的教学模式更容易被教师接受和应用，因为其能够直接转化为教学行为，有效指导教学实践，从而提高教学效率和质量。通过明确的操作步骤和方法，教学模式可以帮助教师系统地实施教学活动，预测和实现教学目标。这种预设的教学路径不仅减少了教学过程中的不确定性，还提高了教学成效的可预测性。因此，实操性使教学模式不仅是理论上的规范，还是实践中的工具，助力教师有效完成教学任务并达成教学目的。从整体上看，教学模式的实操性是其区别于一般教学理论的重要特征，强调了教学模式在实际教学中的应用价值和实践指导意义。通过提供清晰可行的教学程序和方法，教学模式促进了理论知识的实践转化，增强了教学过程的系统性和效果的可预测性，在教育实践中发挥了不可或缺的作用。

（二）针对性

教学模式的针对性是指其能够针对特定的教学需求、学习目标和学生群体，提供专门的教学策略和程序。这种特征使教学模式能够在特定的教学场景中发挥最大效益，确保教学活动的有效性和目标的实现。首先，优秀的教学模式通常具有明确的主题和目标，能够为教学活动的开展提供清晰的方向和侧重点。例如，接受式教学模式适合那些需要学生掌握明确知识和概念的教学场景，强调知识的传递和接收；而发现性教学模式更加适用于培养学生的探究能力和理解学科内在逻辑的情境，鼓励学生通过自主探索和实践来学习。此外，针对性表现在教学模式的操作程序上，不同的教学模式提供了不同的教学策略、方法和活动安排，以适应不同的教学目标和学生需求。这些操作程序经过精心设计,旨在最大限度地实现教学模式的教育效果。例如,研究性学习模式中的操作程序旨在促进学生的创新精神和实践能力,通过引导学生进行独立研究和探究活动来实现这一目标。教学模式的针对性还体现在其如何成为教学理论和实践之间的桥梁,将抽象的教学理论具体化,并将教师的教学经验系统化。这种中介作用确保教学模式能够在实践中有效地应用,并指导教师进行有目的的教学设计和实施。然而,教学模式的针对性并非无懈可击。如果教学过于依赖特定的教学模式,则可能忽视学生的个体差异和主动性,导致教学活动的单一化和模式化,从而限制学生创造性和批判性思维的发展。因此,在实践中需要平衡教学模式的针对性和灵活性,既确保教学活动针对性强,又避免过度模式化。为了全面反映教育的本质规律,促进学生的全面发展,教育工作者应努力构建和实施多样化和综合性的教学模式系统。这种系统应该能够整合不同教学模式的优势,如结合接受学习和发现学习教学模式,以满足使学生在掌握基础知识和技能的同时,培养其创新精神和实践能力的需求。这种综合性的教学模式系统不仅能够针对不同的教学需求提供有效的教学策略,还能够适应学生的多样化需求和潜能发展需要。

(三)多样性

教学模式的多样性源于教学活动本身的复杂性和多变性以及多种不同的教学思想和价值观对教学设计和实施的影响。这种多样性体现在教学模式的理论基础、设计原则、实施策略以及评估方法等方面,彰显了教学模式在适应不同教学需求和背景下的灵活性和广泛性。具体而言,第一,多样性特点首先体现在教学模式所基于的理论和价值观上。不同的教学模式往往根源于不同的教学理论,如行为主义、建构主义或人本主义等,这些理论为教学模式的设计和实施提供了理论框架和价值导向。例如,程序教学模式基于行为主义学习理论,侧重教学的结构化和顺序性,强调通过分步骤的教学活动来实现学习目标。而探究性或研究性学习模式则根植建构主义或人本主义学习理论，注重学生的主动参与和个人发展，强调学习过程的探索性和学生中心性。第二，多样性在教学模式所关注的主题和内容上有所体现。不同的教学模式可能围绕不同的教学目标、内容领域或学习主题而展开，反映了教学活动的多元化目标和路径。例如，一些教学模式可能侧重知识的传授和技能的训练，另一些教学模式则可能更加关注学生批判性思维的培养或创造力的激发。第三，多样性还体现在教学模式的操作活动和实施方式上。根据不同的教学理念和目标，教学模式的实施可以采取多种形式和方法，从传统的讲授法到互动式学习、从个体化学习到协作学习都是教学模式多样性的体现。这种多样化的实施方式有助于适应不同学生的需求和偏好，提高教学的有效性和吸引力。第四，教学模式的多样性不仅丰富了教师的教学策略和方法，还促进了教学理论的发展和创新。通过认识和应用多样的教学模式，教师能够根据教学情境和学生需求，选择适合的教学策略，实现教学目标的多元化和个性化。同时，这种多样性为教师在构建新的教学模式时提供了灵感和方向，帮助他们更好地把握教学理念、价值观和操作活动的重点，从而设计出更为有效和创新的教学模式。

（四）简约性

教学模式的简约性是指其结构和操作方式简洁明了，这使教学模式易于理解、实施和传达。简约性特征有助于将教学理论和实践经验转化为清晰、易操作的教学框架，从而降低教学实施的复杂度，提高教学效率。简约性特征首先体现于教学模式能够用简明扼要的方式表达其核心理念和操作流程。例如，在专题讨论教学模式中，教学的基本结构和活动方式可以概括如下：学生围绕教师提出的专题进行讨论和交流，通过相互启发获得问题的深入理解。这种描述方式不仅凝练了教学模式的主要特征和过程，还使该模式容易被教师理解和应用。此外，简约性还意味着教学模式的设计要避免过分复杂或冗余的元素，选择有利于实现教学目的的直接且有效的途径。这种设计原则确保了教学模式的实用性和针对性，使教师在实施教学过程中能够集中精力于关键环节，有效引导学生进行学习。此外，简约性促进了教学模式的交流和传播。由于其清晰和简洁的特点，简约的教学模式容易被教师共享和学习，有助于教学经验和策略的有效传递。这不仅加强了教师之间的交流与合作，还促进了教学方法的创新和发展。然而，简约性并不意味着教学模式内容的简化或质量的降低，而是指在保持教学活动效果的前提下，通过精练和优化教学内容和过程，实现教学的高效和精确。在这个过程中，教学模式应当保持完整性和功能性，同时去除不必要的复杂性，以简化的方式达成教学目标。

（五）高效性

由于教学模式是将有效的教学策略和方法集成，形成一套经过实践验证的、能够高效达成教学目标的标准化流程，因而它能够在实际教学过程中有效促进教学效果的提高，从而实现教学目标并优化教学资源的使用，提高教学效率。首先，高效性的特征表现在教学模式能够使教师更加精确和迅速地把握教学的核心要素，如教学目标、内容、策略等，并将这些要素有机结合，以最直接、最有效的方式实施教学。这种简明扼要的特点不仅减少了教师在理解和应用教学理论时的时间和精力消耗，还帮助教师更加自信地采取有效的教学措施，减少了教学过程中的不确定性和随意性。其次，教学模式的高效性还体现在其能够促进教学目标的实现。通过精心设计的教学活动和策略，高效的教学模式能够帮助学生更快地掌握知识，提高学习效率。此外，它能够优化教学时间和资源的分配，确保每个环节都能产生最大的学习效果，避免无效或冗余的教学活动。最后，高效性也与教学模式能够适应不同学习情境和需求密切相关。一个高效的教学模式应当具有一定的灵活性，能够根据学生的具体需求和学习背景进行调整和优化。这种适应性确保教学模式不仅在特定条件下有效，而且能够在不同的教学环境中保持其效果，从而增强教学的普适性和实效性。

（六）结构性

教学模式的结构性特征是指教学活动中的各个要素及其相互关系按照一定的逻辑和系统性进行组织和整合。这一特征不仅揭示了教学模式的内在架构，还指导了教学活动的有效实施。结构性体现了教学模式在理论依据和实践操作上的有序性和连贯性，确保了教学过程的整体效果和质量。在理论层面，教学模式的结构性关注如何将教学的关键要素——教师、学生和教学内容——以合理的方式组织起来，形成一个互动和协调的教学系统。这种理论结构强调了教学各要素间的相互依存和作用，确立了教学活动的基本框架和原则。例如，教学内容的选择和组织要与教学目标相匹配，教师的教学策略需根据学生的需求和特点进行调整，这种匹配和调整基于对教学理论深刻理解的基础上进行。实践操作的结构性体现在教学过程的纵向和横向组织上。其中，纵向结构涉及教学活动从开始到结束的整个流程，包括教学的各个阶段、环节和步骤，这一结构突出了教学活动的时序性和程序性。教学过程的每一个阶段和步骤都应明确其在整个教学活动中的作用和位置，保证教学过程的逻辑性和连续性。横向结构则侧重教学过程中各个要素的相互关系和组织方式，如教学内容的分布、教学方法的应用、教学资源的利用等，这些要素如何在不同的教学阶段和环节中被整合和实施，体现了教学活动的空间组织和综合性。教学模式的结构性还体现在它如何使教学活动成为一个有机整体，每个组成部分都服务共同的教学目标。这要求教学模式不仅在设计时考虑各个要素的最佳组合，还在实施过程中不断调整和优化，以适应教学环境的变化和学生需求的发展。结构性的重要方面之一是它对教学质量和效果的影响。一个结构性良好的教学模式能够确保教学过程的有效性和效率，促进学生学习成效的提升。它能够帮助教师预见和规划教学活动的全貌，有助于教师识别和解决教学过程中可能出现的问题，确保教学目标的实现。总之，教学模式的结构性是其核心特征之一，体现了教学活动的组织和实施的系统性和有序性。通过合理的结构设计，教学模式能够有效地整合和协调教学的各个要素，确保教学活动的连贯性和一致性，从而提高教学的整体质量和效果。因此，深入理解和应用教学模式的结构性特征，对于优化教学设计和提升教学实践的质量具有重要意义。

（七）动态性

教学模式的动态性是指其在保持基本框架和结构稳定性的同时，能够根据时代发展、教育需求和理论进步进行适时的调整和优化。这种特征强调教学模式不是静态不变的，而是一个可发展和适应变化的实体。动态性使教学模式能够响应社会变迁、科技进步和教育理念的更新，从而保持其有效性和相关性。例如，在信息时代，社会对人才的要求已经发生了显著变化，强调需要具备探究精神、批判思维、创新能力和实践技能的综合型人才。这些变化促使教学模式适应新的教育目标和学习需求。因此，传统的接受式教学模式无法完全满足当前社会的要求，需要通过引入和融合新的教育理念和方法，如建构主义和人本主义学习理论，来丰富和更新教学模式的内容和形式。动态性还体现在教学模式能够适应教学过程中的变量变化。教师和学生作为教学活动中最核心的参与者，其需求、期望和行为模式在不断变化。这种变化要求教学模式具有足够的灵活性和开放性，能够及时调整教学策略和内容，以适应教师和学生的实际情况。此外，动态性意味着教学模式应该具备自我更新和自我完善的能力。随着教育理论的发展和教学实践的深入，教学模式需要不断吸收新的教学思想、技术和方法，从而进行自我调整和优化。这种自我更新的过程不仅增强了教学模式的生命力和适应力，还促进了教育实践的创新和进步。从整体上看，动态性是教学模式的重要特征之一，它体现了教学模式在稳定基础上的可变性和适应性。通过响应外部环境的变化和内部需求的发展，动态性赋予教学模式持续进化和自我完善的能力，确保教学模式能够有效应对时代的挑战，满足教育发展的需求。

三、教学模式的功能

美国社会学家莫顿·多伊奇（Morton Deutsch）对模式的功能进行了系统探究，认为其具备组合、启发、推断和测量四种基本功能。这些功能共同定义了模式在理解和操作复杂系统中的价值和作用。具体来说，组合功能强调模式将相关要素以有序的方式进行整合，显示出系统的整体性和内在必然性；启发功能体现在模式对新知识和新方法探索的激励作用，鼓励人们超越现有的认知边界；推断功能允许通过模式所体现的普遍规律来预测未来的发展趋势和结果；测量功能则通过揭示各种要素之间的关系来确定它们的相对位置和比重。

基于多伊奇的观点，本书深入分析了教学模式的功能，认为教学模式不仅将教学理论进行了转化而用于指导教学实践，而且利于教学的优化和创新。归纳而言，教学模式具有中介功能、示范引导功能和推广优化功能，如图2-2所示，在教学过程创新和提升教育质量中起着关键作用。

图 2-2　教学模式的功能

（一）中介功能

教学模式的中介功能主要表现在它能够将抽象的教学理论转化为具体、可操作的教学实践步骤，建立起理论与实践之间的桥梁。这一功能使教师能够在理解教学理论的基础上，有效地将其应用于实际教学，从而提高教学效果。具体而言，教学模式来源于实践经验的积累和总结，通过提炼和优化这些经验，形成了一套系统化的教学方法。这套方法不仅反映了实践中的有效教学策略，还融入了相应的教学理论支持，因此可以为教师提供明确的指导原则和操作流程。这种结合实践与理论的过程赋予了教学模式以中介的功能，使其既能够体现教学理论的精髓，又能够满足实践教学的需求。通过教学模式的应用，教师可以更加系统和科学地进行教学设计和实施。教学模式帮助教师从理论的高度把握教学活动的整体结构和内在逻辑，指导教师按照既定模式开展教学，避免了教学过程中的盲目性和随意性。同时，教学模式的标准化和系统化特征便于教师之间的经验交流和方法传承，有助于提升整个教育体系的教学质量和效率。此外，教学模式具有一定的灵活性和适应性，虽然它提供了一套相对固定的教学框架，但这并不意味着教学模式是僵化不变的。相反，好的教学模式能够根据不同教学环境和学生需求，指导教师进行适当的调整和优化，使其更加符合教学实践需求。总之，教学模式的中介功能是其核心价值和作用的重要体现。它不仅能够帮助教师更好地理解和应用教学理论，还能够指导和优化教学实践，搭建起理论与实践之间有效的沟通桥梁，从而提高教学的系统性、科学性和实效性。

（二）示范引导功能

从一定意义上说，教学模式可以被视作范例化的教学理论的总结和概括，并且反过来可以在教学情境中得到应用和延伸，为教学实践提供思路，用以指导教学实践的实施。教学模式的示范引导功能是其在教育领域中不可或缺的角色，尤其对于青年教师而言，它如同一把钥匙，解锁了教学理论与实践之间的通道。这一功能不仅规范了教学活动的流程，提供了一套可操作的实施程序，还为教师的独立教学搭建了坚实桥梁。在示范引导功能的作用下，教学模式转化为一套具体、系统的教学操作步骤，这不仅帮助教师，特别是新手教师，明确教学的方向和方法，还大大减少了他们在实践中盲目摸索的时间和精力。通过模仿和实践这些经过验证的教学模式，教师能够快速过渡到独立教学，提高教学效率和质量。然而，模式或者思路本身并不等同于具体可操作的方法和技术，范例性教学情境与实际教学情境之间存在差异，需要根据具体的教学环境，对教学模式进行适当调整，才能确保指导功能的实现，引导理论转化为不同的符合实际的教学模式。此外，教学模式的示范引导功能并不意味着对教师创造性的限制或扼杀。相反，它为教师提供了一个基本的教学框架，教师可以在此基础上进行创新和调整，以适应不同的教学环境和学生需求。这种基本框架的提供使教师在拥有稳定基础的同时，拥有了发挥个人教学风格和创造性的空间。通过对教学模式的示范和引导，教师能够更好地理解和掌握各种教学理论和策略，将它们转化为具体的教学行动。这种转化不仅加深了教师对教学理论的理解，还增强了他们将理论应用于实践的能力。随着经验的积累和专业技能的提升，教师可以逐渐形成自己的教学模式，发展出独特的教学特色。总之，教学模式的示范引导功能在教育实践中起着至关重要的作用。它不仅为教师提供了一个清晰、系统的教学实施方案，帮助他们快速熟悉和掌握教学流程，还为教师的创新和专业发展提供了空间。通过这一功能的发挥，教学模式架起了理论与实践之间的桥梁，促进了教学工作的规范化和教师专业能力的提升。

（三）推广优化功能

在日常教学活动中，教师通过实践积累了大量教学经验，而通过对教学过程组织方式的浓缩，这些经验就形成了可供其他教师参考和应用的教学模式。这一过程不仅提升了个体教学经验的价值，还促进了有效教学方法的普及。教学模式以其结构化和标准化的形态，降低了教学理论的复杂性，使其更易于被理解和采纳。多样化的实践教学经验促使教学模式不断丰富和发展。不同教学背景和需求下的教学实践为教学模式的构建提供了丰富的素材，形成了多样的教学模式。这些模式反过来又指导和丰富了实践教学活动，形成了良性循环。教学模式的多样化确保其能够适应不同的教学需求和环境，增强了教学方法的普适性和有效性。

此外，推广优化功能还意味着教学模式本身具有发展的动力和潜力。通过推广应用过程中的反馈和评价，教学模式可以不断进行自我检验和优化。这种机制不仅保证了教学模式能够持续更新，适应教育发展的新要求，还鼓励了教学创新和方法的改进。此外，推广优化功能有助于教育工作者更加深入地理解教学模式背后的理论基础，通过实际应用来检验和丰富这些理论。这种理论与实践的相互作用不仅提升了教学模式的实践价值，而且促进了教育理论的发展和完善。

第二节 常见的高校英语教学模式

在探索英语教学有效方法的过程中，英语教育工作者发展了多种教学模式，以适应不同的学习需求和教学目标。这些模式通过不同的方法和技术来促进学生语言学习效果和能力的提升。以下是四种常见的英语教学模式：讲授型教学模式、交际型教学模式、"输入—输出"教学模式以及情感教学模式，如图 2-3 所示。

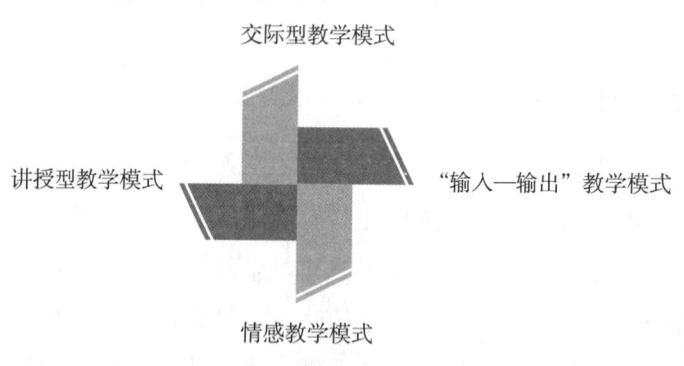

图 2-3 常见的英语教学模式

一、讲授型教学模式

（一）讲授型教学模式的内涵

讲授型教学模式是一种传统的课堂教学方法，主要依赖教师通过书本、粉笔、黑板和简易教学模型等工具口头传授知识。这种教学模式以知识的传递为核心，通常被视为一种"封闭式"的学习环境，因为它主要集中在教师的讲授和知识的传递上，较少涉及学生的互动和参与。

讲授型教学模式主要的教学方法就是讲授法。讲授法源远流长，其历史可追溯至古希腊时期。在当时的教育场景中，思想家和教育家如苏格拉底（Socrates）通过对话、提问和揭示矛盾的方法，引导学生从实际事物中抽象出普遍规律。这种教学方式形成了早期讲授式教学的雏形，被称为"精神助产术"。在我国春秋末期，孔子作为儒家学派的创始人，主张以启发式和问答式的方法进行教学，这同样体现了讲授法的原则。在西方，随着欧洲工业革命的兴起和资本主义的发展，学校教育体系开始形成，讲授法作为教学方法得到进一步推广和发展。捷克教育家夸美纽斯（Comenius）在其著作《大教学论》中详细阐述了班级授课制的理论，为讲授法的系统化和标准化奠定了基础。后来，"五段教学法"日渐成了主流的课堂教学方法。"五段"分别是组织教学、检查复习、讲授新教材、巩固新教材和布置课外作业。其中，讲授新教材环节被赋予了中心环节的地位，是新知识传授的主要形式，是教学过程中最重要的一环。此外，这种教学法的盛行也反映了讲授式教学模式的影响。

在讲授型教学模式中，教师扮演着核心角色，可以说，教师通过专业的知识传授和情感投入，显著影响着学生的学习动机和成果。教师不仅传授知识，还通过教学策略和态度，塑造学生的思维方式和价值观。这种直接的教学交互确保了教育的目标性、针对性和效率性，让教育过程更可把控。同时，讲授法能够确保知识的连贯性和完整性，即在应用此方法时，教师通过组织良好的讲解，使学生能够按照逻辑顺序和结构框架掌握学科知识。这种方法有助于学生构建稳固的知识基础。与自主探索式学习相比，讲授法减少了学生在庞大信息中筛选和整合的难度，提高了学习的针对性和效率。通过讲授法，教师可以在有限时间内向学生传递大量的专业知识和信息。这种一对多的教学方式在时间利用上具有优势，尤其适用于那些需要覆盖广泛知识点的课程。此外，讲授法可以通过集中讲解和示范，快速澄清复杂概念和疑难问题，从而提高整体的教学质量和效果。

在讲授型教学模式下，教师可以精准控制教学内容、节奏和互动，确保教学活动按照既定计划和目标进行。这种控制力有助于教师灵活应对教学中出现的各种情况，如调整难度、回应学生反馈、及时提供辅导等，从而优化学习成果。讲授法适用于各种教学场合和学科领域，为其他教学方法如实验、讨论或案例研究提供基础和框架。它是建立学科知识体系和发展学生学习技能的重要手段，能够为学生今后的自主学习和深入研究打下坚实基础。

需要注意的是，虽然讲授式教学模式强调教师的导向作用，但是这种模式可能减少学生主动参与的机会。学生可能习惯接受知识，而不是积极探索和质疑。这种趋势可能导致学生在自主学习和创新思考方面的潜力未能充分发挥。为了缓解这一情况，教师在教学中可以适当引入互动和讨论，促进学生的主动参与，从而帮助学生更好地内化知识。同时，在讲授式教学中，固定的教学节奏不易满足每个学生的独特需求，这可能导致一些学生感到内容过于简单或复杂。为了克服这一劣势，教师可以结合其他教学方法，如小组讨论或个性化辅导，以更好地适应不同学生的学习速度和风格，实现更为精准的教学。此外，讲授式教学可能使实践和动手能力的培养相对较少，尤其在理论讲解占据主导地位的课堂上。

（二）讲授型教学模式的实现方法

1. 全身反应法

全身反应法（Total Physical Response，TPR）是一种以身体动作为核心的语言教学策略，旨在通过整合肢体运动与语言输入，提升学生的语言理解与记忆能力。该方法由美国语言学家詹姆斯·阿什尔（James Asher）在20世纪60年代基于认知心理学的原理而开发，特别强调学生通过身体反应来内化新的语言信息。

全身反应法认为，语言学习不仅仅是认知过程，也是身体经验。教学可采用模拟日常生活中的自然语言学习环境的方式，让学生在模仿动作的同时，接受和理解新的语言表达。例如，教师教授单词jump（跳跃），可以自己跳起来，学生则通过观察并模仿这个动作来学习这个单词和动作的对应关系。这种教学方法特别适合语言学习者，它通过直观、动态的方式，使学生在轻松愉悦的环境中学习新语言。教师在运用全身反应法时，会给出指令或叙述，让学生通过身体动作来做出响应。这些动作既可以是简单的手势，也可以是复杂的活动序列。此外，全身反应法强调听力理解，认为在语言学习的早期阶段，理解先于表达，学生应当在能够理解和执行教师指令后，再逐步发展说话能力。在实际应用中，全身反应法不仅可以用于词汇的教学，还可以用于语法结构的学习。通过动作的反复实践，学生可以在无须直接语法解释的情况下，自然而然地掌握语言结构。例如，在教授不同时态时，教师可以通过改变动作的快慢、强调动作的完成或未完成来体现不同时态。同时，全身反应法适用于不同年龄和水平的学习者。对于儿童学习者，这种方法能够充分利用他们的天性和对动作的喜爱，使学习过程更为自然和有效；对于成人学习者，尽管可能需要更复杂的语言输入，但全身反应法的互动性和趣味性同样能够提高他们的学习动力和效率。

全身反应法的优势在于以下五个方面：第一，加强理解与记忆。该方法能够为语言学习提供一种多感官的经验，让学生通过视觉、听觉和动作三个维度来接触和理解语言，从而增强记忆并提高学习效率。该方法通过肢体语言帮助学生在实践中学习语言，使学习内容在学生大脑中留下更深刻的印象。动作和语言的结合不仅加深了学生对词汇和句子结构的理解，还增强了长期记忆，因为学生通过身体动作经历了学习内容，而非仅仅通过听觉或视觉。第二，提高学习积极性。全身反应法通过各种肢体活动吸引学生的注意力，使学习过程充满乐趣和活力。这种互动性强的学习方式能够有效提高学生的参与度，特别是对于年轻学生而言，通过玩耍和动作学习语言能够大大增强他们的学习动机。第三，降低语言障碍。对于语言学习初学者而言，全身反应法能够减轻学习过程中的焦虑和压力。因为它不强求立即的语言产出，而是让学生通过身体反应自然而然地理解语言。在这个过程中，学生不会感到被迫进行语言表达，从而降低学习的心理障碍。第四，适应不同的学习风格。全身反应法涵盖视觉、听觉和动觉等多种学习通道，能够满足不同学习风格的学生的需求。无论是偏好动手实践的学生，还是偏好视觉或听觉学习的学生，都能从全身反应法中获益。第五，促进自然语言环境的模拟。全身反应法通过模拟真实生活中的语言使用场景，帮助学生在类似真实的语言环境中学习。这种模拟可以增强学生的语言实用能力，为他们将来在自然环境中使用语言打下坚实基础。这种教学法通过将语言学习与肢体反应相结合，创造了一个多感官互动的学习环境，不仅促进了学生对语言的深入理解和记忆，而且提高了学习的趣味性和实用性，从而有效提升了语言学习的整体效果。

2. 姓名引入法

姓名引入法是一种将教学内容与学生个人经历相结合的教学策略，旨在通过使用学生的姓名来提高教学的互动性和个性化。教师要在教学过程中识别并利用每个学生的独特性，通过将学生本人及其经历融入课程内容，使教学更加生动和贴近学生的实际生活。在这种教学方法中，教师通过实例构建例句或教学情境，不仅能够促进学生的注意力集中，还能够激发他们的参与感和归属感。姓名引入法之所以能很好地吸引学生的注意力，主要因为它触及了两个重要的心理学现象：自我相关效应和社会归属感。自我相关效应是指人们倾向更好地记忆与自己相关的信息。当信息与个人经验、特征或身份直接相关时，这种信息通常会在大脑中得到更深层次的加工和编码，从而更容易被记住。在姓名引入法中，通过使用学生的姓名或其熟悉的同学的姓名作为教学内容的一部分，教师实际上是在利用自我相关效应来增强学生的记忆和理解。因为这些信息直接关联学生的自我认知和社会环境，学生会自然地对这些信息产生更强的兴趣和注意力。社会归属感指的是个体对于成为一个群体一部分的感知和需要，是驱动人类社会交往的基本动力之一。在教学中，姓名引入法通过引入学生和其同学的姓名，加强了学生之间的社会联系和群体认同感。当学生在学习过程中看到自己和同学的姓名时，不仅能感受到自己是集体的一部分，还能提升对学习内容的兴趣。这种方法能让学生感到被珍视和认同，从而增加对学习的投入和参与度。

姓名引入法的优势在于以下方面：第一，增强学生的关注度和参与度。姓名引入法通过直接涉及学生个人，能够引起其强烈兴趣和注意力。学生在发现课程内容与自己相关时，更容易投入学习，这种个性化的接触可以显著提高学生的课堂活跃度。第二，提升学习内容的相关性。将学生的姓名和个人特质用作教学中的例子，可以使教学内容与学生的现实生活联系得更加紧密。这种联系有助于学生理解抽象概念，并将新知识与已有经验联系起来，从而促进更深层次的学习和理解。第三，增进教师与学生的互动。姓名引入法促进了教师与学生之间的交流和互动，有助于建立更强的师生关系。通过这种方式，教师可以更好地了解学生的个性和需求，从而进行更有效的教学设计和指导。第四，加深记忆和理解。以学生自身为例子，可以使学习内容更加具象和易于理解。学生在课堂上听到自己的名字时，更容易引起共鸣，这种个性化的学习经验有助于加深学生对教学内容的记忆和理解。第五，增加学习的乐趣。使用姓名引入法能够为学习过程带来乐趣和新鲜感。学生在听到与自己相关的内容时，会感到更加快乐和满足，这种正面情绪有助于提高学习效率和成效。综上所述,姓名引入法通过将学生个人的姓名和经历融入教学过程,提高学生的注意力和参与度,增强学习的相关性和实用性效果,为传统教学模式增添了一种个性化和互动性的元素,有助于创建一个更加生动和具有吸引力的学习环境。

3. 语言规律洞察法

语言规律洞察法是深植认知心理学和应用语言学的基础之上,强调通过系统性的语言规律来促进学生更高效地学习,从而掌握第二语言的一种方法。从认知心理学的视角来看,人类大脑倾向寻找模式和规律,以便更有效地处理和存储信息。在语言学习中,这意味着可以通过揭示和理解语言的规律性(如语法结构、音位规律、词汇搭配、词缀等),来促使学生利用大脑的天然倾向,从而实现更快、更持久的语言记忆和理解。而应用语言学对语言规律洞察法的贡献在于它提供了研究语言使用和习得的实证基础。通过分析不同语言环境中的真实语言使用情况,应用语言学家可以识别语言的模式和规律,然后将这些知识应用于教学实践。这种基于研究的方法确保了语言规律洞察法在教学中的有效性和实用性。具体来说,语言规律洞察法涉及对语言结构、语义功能和语用特性的深入分析,旨在帮助学生通过识别语言规律来加快语言习得过程。在教学实践中,语言规律洞察法要求教师具备对语言内部结构的深刻理解。教师需要能够识别并传授语言的核心规则和模式,如语音的规则性、语法的构造原则、词汇的搭配规律等。系统分析教授语言的内在规律不仅能够帮助学生掌握语言知识,构建一个清晰的语言框架,提高语言学习的效率和深度,还能够帮助学生在处理语言信息时发展更高级的认知技能,如分析推理、批判性思维和问题解决能力,促进其认知的发展。此外,这种方法鼓励学生主动探索和发现语言的内在逻辑,从而深化他们对语言和语言使用的理解,为学生提供了一种更加科学、系统和深入的语言学习路径。

在实际教学过程中,语言规律洞察法可以应用于多个方面。例如,在教授英语时态时,教师可以总结并展示各个时态的构成和使用情境,帮助学生理解并预测各种语言情境下的正确时态使用。在词汇教学中，教师可以指出词根、词缀的规律，帮助学生通过识别这些元素来扩展词汇量。在听力和阅读教学中，语言规律洞察法同样可以发挥重要作用。通过教授如何根据语境判断发言人的意图、情感或语气，学生可以更好地理解听力材料的含义。而通过分析文章结构和段落布局的常见模式，学生可以提高阅读理解的速度和准确性。在口语和写作教学中，语言规律洞察法的使用同样重要。通过模拟不同的交流场景，教师可以展示如何在特定语境下选择合适的语言表达。而通过总结不同类型文本的结构特点，学生可以学习如何组织自己的思想和论点，从而提高写作能力。此外，语言规律洞察法还有助于学生发展自主学习能力和批判性思维。通过在教师的指导下自行探索和总结语言规律，学生可以逐步建立起自己的语言知识体系，学会独立解决语言学习中遇到的问题。总之，语言规律洞察法通过揭示语言的内在规律，帮助学生更系统、更高效地学习语言，使学生可以更深入地理解语言的复杂性、多样性，从而更自信、更有效地在各种语境中使用语言。

二、交际型教学模式

交际型教学模式是一种以提升学生交际能力为核心目标的教学方法，它强调在真实或模拟的交际环境中进行语言学习。该模式依托课堂内外的互动和沟通，涵盖教师、学生、教学内容和学习环境等多个教学要素，通过实践活动、角色扮演和师生互动来促进语言习得。在该模式下，语言被视为一种社会行为工具，其学习目的不只是掌握语法规则和词汇知识，更重要的是能够在真实的社会文化背景中有效地使用语言，这不仅强调了语言学习的情景性和实用性，还注重学生在交际过程中的语言应用能力和理论知识的实用性。从二语习得的研究成果来看，语言不仅仅是表达意义的工具，也是承载和传递文化的媒介。因此，交际型教学模式下的语言教学融入了文化教学的元素，目的是培养学生的跨文化交际能力，使他们能够在不同文化背景下进行有效沟通。

(一)交际型教学模式的理论基础

交际型教学模式的理论基础源自20世纪语言学和教育理论的转变。早期的教学模式主要受结构主义语言学的影响,结构主义的代表人物是瑞士语言学家索绪尔,他视语言为一个符号系统,主要关注语言形式和结构的内部规则。在这一框架下,语言的教学重点放在语法、词汇及发音等语言形式上,忽略了语言的实际使用情境和交际功能。20世纪60年代末,美国社会语言学家戴尔·海姆斯(Dell Hymes)提出的交际能力理论为语言教学带来了革命性变化。海姆斯批评了结构主义语言学过分强调语言形式而忽视语言功能和社会语境的做法,认为语言学习的目标应该是培养学生的交际能力,包括语言的使用规则和社会文化规范。交际能力不仅涵盖了语法知识(语法性),还包括语言的适当使用(可行性、得体性)和对语言使用情境的适应能力(现实性)。随后,语言学研究进一步强调了语言学习与文化背景之间的密切联系。例如,萨丕尔(Sapir)指出,语言与其所处的文化背景不可分割,有效的语言交际需要深入理解文化背景和社会语境。后来越来越多的学者强调,交际成功不仅需要语言知识,还需要对目标语言文化的深入了解,包括文化的可接受性和不可接受性。这意味着交际型教学不仅要教授语言知识,还要涵盖跨文化交际技能,以使学生能够在不同文化环境中有效沟通和互动。因此,英语教学的现代理念进行了转换,将跨文化交际能力作为教学的重要目标。在交际型教学模式下,教师不再仅仅是知识的传递者,而是成为引导学生参与实际交际、理解和尊重不同文化背景的促进者。这种转变促进了教学方法的多样化,强调在真实或模拟的社会交际场景中进行语言教学,以实现更为全面和深入的语言教育。

(二)交际型教学模式的优缺点

交际型教学模式通过促进学生的主动参与,显著提高了学生学习的积极性和效率。在这种模式下,学生不再是被动的知识接收者,而是成为教学活动的积极参与者，主动发现问题，并与教师和同学进行有效的沟通与交流，寻求解决方案。例如，在角色扮演或模拟交流中，学生需要运用自己的语言知识和沟通技巧来应对不同的交际场景，通过讨论、合作、解决问题等互动形式积极探索和构建知识，这可以增强他们解决实际问题的能力。此外，学生在参与过程中所获得的正面反馈，如认可、鼓励和赞扬，可以显著提高他们的自信心和学习动力。这种自我效能感的提升是学生主动学习的重要动力，有助于学生提升学习兴趣和保持长期的学习热情。

交际型教学模式强调将书本理论转化为实际的交际能力，倡导一种以实践为导向的教学方法。与传统教学相比，这种模式更注重学生交际技能的实际应用，以及在真实或模拟的交际环境中发展这些技能的过程。在交际型教学中，通过实际情境的角色扮演、案例分析和团队讨论等方法，学生有机会将理论知识应用于具体的语言使用场景。这种教学方式不仅能够帮助学生理解理论背后的实际意义，而且能够让他们在实际交际中运用所学知识，从而实现知识与技能的有效整合。这种将理论知识转化为交际能力的过程使英语教学不仅停留在知识传授的层面，而且能够真正提升学生的实际交际能力，满足他们在多元文化背景下的沟通需求。

交际型教学模式增强了师生之间和学生之间的互动，有效提升了教学效果。在这种模式下，教学过程变成了一个多向的互动和交流过程，使学习活动更加贴近学生的实际需求和兴趣，使他们能够在更加生动、真实的语言环境中学习和运用语言。这样的教学环境不仅促进了学生对语言知识的深入理解，还增强了他们将语言知识应用于实际交际的能力。此外，交际型教学模式能够有效提高学生的参与度和学习动机，从而从根本上提高教学质量和学习效果。通过这种教学模式，学生能够在更加轻松和开放的氛围中进行学习，这不仅有助于激发他们的学习兴趣，还能够帮助他们在实际交际中更加自信和有效地使用语言。总之，交际型教学模式通过促进学生的主动参与、强调实践中的交际能力培养以及增强教学互动,有效提高了教学效果和学生的学习体验。这种模式使语言教学更加生动、实用,更能满足当代社会和文化交流的需要。

虽然交际型教学模式在增强学生的实际交际能力方面具有明显优势,但它也面临一些挑战,需要在实施过程中加以注意和调整。首先,这种模式对教师的要求较高。教师不仅需要具备扎实的语言知识和文化理解,还需要有能力设计和管理互动丰富的课堂活动。此外,对于学生而言,过分依赖交际活动可能导致对语言系统性知识学习的忽视,尤其在语法和词汇的精确使用方面。因此,为了充分发挥交际型教学的优势,建议在实践中寻求理论学习和交际实践之间的平衡,确保学生能够在提高交际能力的同时,系统掌握语言的基础知识。

三、"输入—输出"教学模式

(一)"输入—输出"教学模式的内涵

"输入—输出"教学模式即 Input-Output 模式,是一种以提高学生实际语言运用能力为目标的教学策略。该模式强调语言输入(接收语言材料)与语言输出(实际使用语言)的相互作用,旨在培养能够适应国际经济发展和对外交流需求的跨时代英语人才。输入阶段强调加强学生语言接收,其教学重点放在提供丰富、真实、适度难度的语言材料上,包括阅读理解、听力理解以及视觉和文化背景的输入,以确保学生能够在理解的基础上吸收新的语言知识。学生通过这些活动可以接触多样化的语言表达和文化场景,从而增强对语言细微差别的理解和感知能力。输出阶段强调强化学生的语言运用,注重学生通过口语交际、写作表达等活动进行语言输出,培养学生将输入的语言知识转化为实际的语言运用能力。在这个过程中,学生通过不断的实践和反馈,将所学的语言知识和文化理解应用于实际交流,从而逐步提高语言表达的准确性和流畅性。"输入—输出"模式的核心目标是通过平衡输入与输出活动,全面提升学生听、说、读、写各方面的语言能力,鼓励学生在获取语言知识的同时,积极应用这些知识进行有效的沟通和交流。该模式不仅符合英语学习的客观规律和学科特点，还通过模拟真实的语言使用环境，帮助学生在实际交际中自然而然地学习和使用英语，有助于学生构建和发展英语思维，流畅、自然地使用英语进行思考和交流，从而更好地适应国际化的交流需求，成为具有国际视野和高效交际能力的跨时代英语人才。

（二）"输入—输出"教学模式的理论基础

1."输入假设"和"输出假设"

"输入假设"和"输出假设"是"输入—输出"教学模式的理论基础之一，分别由美国应用语言学家斯蒂芬·克拉申（Stephen Krashen）和加拿大语言学家梅里尔·斯温（Merrill Swain）提出。这两个假设共同揭示了第二语言习得的关键过程，即通过理解输入和实践输出来实现语言能力的提升。克拉申的"输入假设"是基于他对语言习得过程的理解而得出的。他认为，学生获取语言的主要途径是接收并理解稍微超出当前能力水平的语言材料，即"可理解输入"（i+1）。在这里，"i"代表学生当前的语言能力水平，而"+1"则是指稍高于当前能力的输入。克拉申强调，语言学习发生在学生通过上下文或已有知识成功理解略高于自己水平的语言输入时，可以促使学生扩展他们的语言知识库，并逐步提高语言能力。"可理解输入"强调了教学材料应该与学生的认知水平紧密相连，同时略具有挑战性，以激发学习动力和促进语言能力的发展。在教学实践中，这意味着教师需要根据学生的实际语言水平精心设计教学内容，确保材料既能够被学生理解，又能够推动他们的语言进步。斯温的"输出假设"补充了克拉申的理论，强调了语言输出在语言学习过程中的重要作用。斯温认为，产出不仅是语言知识内化的结果，而且是一个积极的学习过程，能够促进语言知识的内化和语言技能的发展。通过输出活动，如说话或写作，学生被迫将模糊的语言知识具体化，并在实践中进行检验和修正。输出假设强调了学生需要通过实际使用语言来发现和解决自身的语言问题，这个过程促使学生注意到语言形式和含义之间的差异，从而推动他们对语言结构的深入理解和掌握。此外，输出活动为学生提供了自我修正和策略调整的机会。通过实际运用语言，学生能够检验自己的语言表达，发现并纠正错误，进一步提高语言的准确性和流利性。结合"输入假设"和"输出假设"可以看出，有效的语言学习需要平衡输入和输出。输入提供了语言学习的原材料，帮助学生构建语言知识结构；而输出则是将输入的语言知识加以实践和内化的过程，促进了学生对语言的深层理解和运用。因此，在"输入—输出"教学模式中，教师应致力创造一个既有丰富理解性输入，又有充分表达性输出的学习环境，帮助学生习得第二语言。

2. 语言同化理论

语言同化理论的理论基础是认知心理学，其代表理论是奥苏贝尔（Ausubel）的同化理论。在这一理论框架中，学习被视为一种认知过程，学生在依赖旧知识的基础上，通过接纳、吸收，将新的语言信息"同化"到已有的认知结构中，以此实现语言能力的提升。奥苏贝尔认为，有效的学习发生在新知识与学生现有的认知框架之间建立了有意义的联系时，而"同化"是这一过程的核心，它涉及如何将新信息融入已有的知识结构，并使之内化为学生个人的认知结构。在语言学习的背景下，同化理论强调学生需要将新的语言元素（如新词汇、新的语法规则、各种文化元素等）同化到其现有的语言知识中，例如将英语架构同化到母语中，实现第二语言的习得。这个过程不仅涉及记忆和重复，而且需要学生在心理上加工和重构这些信息，使其成为理解和交流的一部分。因此，教学活动应设计得既能引入新知识，又能促使学生将这些新知识与其已有的认知结构相关联，从而实现深度学习。

3. 语言建构理论

语言建构理论源自社会建构主义。社会建构主义认为，知识不是被动接受的，而是由认知主体在与环境互动的过程中主动建构的。在这个过程中，社会互动起到了关键作用，因为个人通过与他人的交流和合作来建构和验证自己的知识。将这一理论应用于语言学习，就意味着语言不仅仅是传递信息的工具,更是个体建构世界观、认知和文化理解的媒介。因此,在教学过程中,教师要注重语言知识的传递,要创造丰富的社会化语言学习环境,重视学生通过真实的交际活动以及语言实践活动构建知识,鼓励学生通过讨论、协作和反思来深化对语言和文化的理解,并使他们能够在不同的社会文化背景下有效地使用语言,从而更全面地提升他们的语言理解和运用能力,使他们能够在多元文化的交际环境中有效地应用语言。

4. 语言习得理论

语言习得理论由美国语言学家斯蒂芬·克拉申于20世纪70年代提出,该理论明确区分了语言的"习得"和"学习"两个过程,并探讨了它们在语言掌握中的不同作用。其中,"习得"是指在自然交流和实际使用中无意识地获得语言能力的过程。这种方式类似儿童习得母语的过程,是非正式、非系统的学习,侧重意义的理解和交流的实践。在这一过程中,学习者不是刻意学习语言规则,而是通过日常的语言交际活动,自然而然地吸收语言知识,逐渐提高语言能力。相对而言,"学习"则是一个有意识、系统的学习过程,强调对语言规则的直接教学和认知理解。这种学习方式通常发生在正式的教育环境中,学习者通过分析、记忆语言规则和词汇,有意识地建构语言知识体系。克拉申认为,这种学习更多地涉及语言知识的认知层面,而不直接导致流利和自然的语言使用。克拉申的监控假说进一步阐释了"习得"和"学习"在实际语言使用中的作用。他认为,通过"习得"获取的语言能力是学习者流畅和自然交际的基础,而"学习"获取的语言知识则充当了"监控"或"编辑"的角色。这意味着学习者在交流过程中,可以利用有意识学习的语言规则来监控和修正自己的语言输出,以提高语言使用的准确性。在教学实践中,语言习得理论强调为学习者创造丰富的语言输入环境,促进自然习得的发生。教师应提供真实、有意义的交际情境,让学生在实际使用中自然地吸收和习得语言。同时,教师需要通过系统的语言教学,帮助学生建构语言知识体系,以便学生在需要时能够对自己的语言输出进行有效监控和调整。

四、情感教学模式

（一）情感教学模式的内涵

情感是人对周围环境、事物或情境的情绪反应和心理体验，反映了个体对客观现实的主观态度和喜好。虽然态度与情感密切相关，但两者并非同一概念。态度是个人对特定对象或情境所持有的长期的心理倾向和评价，是情感的一种相对稳定和持久的形式。态度决定了个体对事物的接受或排斥、积极或消极的反应，从而影响其行为和决策。而情感这种心理状态既有内在的情感体验，也有外在的情感表达。情感的发展过程是个体情感反应及品质在积极适应和促进个人成长及社会融合方面的演变过程。

情感教学强调教学过程中情感因素的重要性，主张通过教学活动来满足和培养学生的情感需求，促进他们的积极参与和全面发展。在情感教学中，教师应关注学生的情感体验，通过建立积极的师生关系、创设和谐的学习环境以及使用各种教学策略和手段来激发学生的情感参与，满足他们对美好、有意义和自我实现的追求。因此，情感教学不仅关注知识的传授，还关注学生情感态度的培养，认为教育的目的不只是智力开发，更重要的是情感和人格的培养。在这种教学模式下，教师致力调动学生的内在动力，通过情感的共鸣和互动，使学生在愉悦和积极的氛围中进行学习，从而促进认知发展与情感成长的和谐统一。从整体来看，情感教学模式强调以人为本，重视学生情感体验与情感表达的教学理念。这种方式旨在实现教学内容与学生情感的深度融合，促进学生认知与情感的协调发展，最终实现教学效果的优化和学生全面发展的目标。

（二）情感教学模式的优势

情感教学模式的优势在于能显著提高语言学习效果，这是因为学习过程中的情感状态对学习效率和成果有着深刻影响。消极情绪如焦虑、恐惧或自卑会阻碍学生学习潜力的发挥，而积极情感如自尊、自信和乐观则能显著提升学习效率。根据美国应用语言学家道格拉斯·布朗（Douglas Brown）的研究，情感因素在第二语言习得中扮演着核心角色，积极的情感状态能够创造有利的学习环境，从而增强学生的学习动机和参与度，有效提高语言学习的成效。情感教学模式通过提供一个支持性和鼓励性的学习环境，有助于减少学生的焦虑感，增强他们的自信心和自我效能感。在这种环境中，学生更愿意积极参与学习过程，更容易吸收和掌握新知识。此外，情感的正面激励，如对学生学习成绩的认可和奖励，可以进一步增强他们的学习动力和持久性。

情感教学模式不仅有助于提高特定学科如语言的学习效果，还对学生的整体发展产生着积极影响，因为这种模式认识到教育的目的不只在于传授知识和技能，更重要的是促进学生情感、社会和人格的发展。具体而言，情感教学鼓励教师关注学生的个体差异和情感需求，通过建立良好的师生关系和创造积极的学习氛围，帮助学生建立正面的自我形象和健康的人际关系。这种教育方法有助于学生发展同理心、合作精神和社会责任感，为其成为社会的有用成员打下坚实基础。此外，情感教学强调将学习兴趣转化为长期的学习动机，通过教学活动的设计，引导学生探索个人兴趣，培养持续学习的习惯和能力。这不仅增强了学生对当前学习内容的投入，还为其终身学习和个人成长奠定了基础。

第三节　高校英语教学模式优化的理论基础

对于高校英语教学模式优化而言，理论的指导作用不容忽视。理论不仅指导着教学实践的方向，还反映着教育理念的演进。建构主义理论、人本主义理论、研究性教学理论以及后现代主义教学观共同构成了当代高校英语教学模式优化的理论基础，如图2-4所示。这些理论不仅各具特色，而且相互影响，为人们理解和实施高校英语教学模式的创新和发展提供了坚实的理论支撑，影响和塑造着现代高校英语教学的面貌。

- 建构主义理论
- 人本主义理论
- 研究性教学理论
- 后现代主义教学观

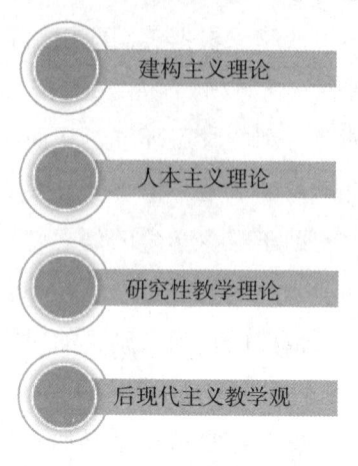

图 2-4　高校英语教学模式优化的理论基础

一、建构主义理论

（一）建构主义理论的内涵

建构主义理论认为，知识的建构既不是单纯来自外界的输入，也不是完全来自学习者主体，而是个体在与环境互动中逐步建构的。这一理念最早由瑞士认知心理学家皮亚杰（Piaget）提出。根据其理论，个体通过同化和顺应两种基本过程与环境相互作用，建立和发展自己的认知结构。同化涉及将外界信息融入现有认知框架，而顺应则是在现有认知结构无法处理新信息时的调整和改变过程，这两种过程促使个体不断适应环境，实现认知的发展。

20 世纪 70 年代末，布鲁纳（Bruner）等美国教育心理学家将苏联心理学家维果茨基的社会文化理论引入美国，进一步丰富了建构主义的理论基础。维果茨基认为，学习是在特定的社会文化背景中进行的社会互动过程，社会环境对个体的认知发展具有重要的支持作用。他指出，高级心理功能源于社会互动和内化过程，而学习真正发生在个体的潜在发展区域内，即在成人引导或同伴协助下能达到的水平。

杜威（Dewey）的经验主义学习理论也对建构主义产生了深远影响。杜威认为，有效的学习应建立在经验之上，通过与现实生活紧密联系的学习过程，学生能够发现问题、探索解决方案并建构新的知识。他强调教育应促进学生主动探索、反思并从实践中学习。

建构主义教学理论对英语教学模式的影响体现在其促进了在真实语境中开展英语教学，以带领学生主动建构语言知识和运用能力。建构主义教学理论强调学生的主体性和积极参与，认为学习是一个个体建构意义和理解的过程，而不是被动接受知识。因此，在建构主义影响下的英语教学模式更加注重创设真实的交际情境，促进学生通过使用英语进行社会互动、合作学习和问题解决，从而在实际使用中建构语言能力和跨文化交际技能。

建构主义不仅是心理学的一个流派，还代表着一种哲学、文化和教育的视角。有的学者将建构主义细分为哲学建构主义、社会学建构主义和教育学建构主义。考虑到建构主义者对其理念的不同理解，一些学者进一步将其区分为激进建构主义和温和建构主义。在教育心理学领域，较常见的分类是将建构主义分为认知建构主义和社会建构主义两大类。其中，认知建构主义又称为个人建构主义，侧重个体在知识建构中的角色，其理论基础主要包括皮亚杰的发生认识论、冯·格拉塞斯费尔德（Von Glasersfeld）等人的激进建构主义和斯皮罗（Spiro）等人的认知灵活性理论等；社会建构主义又称为文化建构主义，强调社会互动和文化历史背景在个人知识建构中的作用，主要基于维果茨基的社会历史理论，涵盖了社会建构主义、社会文化理论和情境认知等方面。

建构主义不局限于某一种学习理论，而是代表了一系列理论观点的集合。它作为一种理论趋势，正处于持续发展与演变之中。在众多建构主义理论中，对教育实践产生显著影响的主要包括以下四个理论方向：

1. 激进建构主义

激进建构主义是建立在皮亚杰理论之上的一个发展分支，其代表人物包括冯·格拉塞斯费尔德和斯泰费（Steffe）。该理论派别基于两个核心原则：首先，知识的获取不是个体被动地从感觉中获得的，而是通过主体的主动建构过程实现的，这一过程涉及新旧经验的交互作用。其次，认知功能的主要目的是适应和组织个体的经验世界，而非寻找现实的本体论存在。激进建构主义认为，人们既不能直接知晓世界的真实状态，也无须对其进行推测，人们所理解的仅仅是基于自身经验的认知。因此，冯·格拉塞斯费尔德提出应该以"生存力"取代"真理"，认为只要知识能够帮助人们解决问题或对经验世界提供一致的解释，它就是有用的、有生存力的，而不必追求其与客观现实的一致性，并且随着经验的不断扩展，个体的认知结构将持续演化。在激进建构主义视角下，知识是在个体与其经验世界的互动对话中建构的，这一过程基于个体的认知活动。激进建构主义特别关注概念的形成、结构和变化过程，其研究深度在建构主义各流派中占有独特地位。然而，它的研究主要集中于个体与物理环境的相互作用，对于学习过程中的社会性方面则较少给予关注。

2. 社会建构主义

社会建构主义是建立在维果茨基理论基础上的建构主义流派，以鲍尔斯费尔德（Bauersfeld）、科布（Cobb）等为代表人物。这一理论体系在一定程度上质疑知识的确定性和客观性，持有认识的相对性观点，认为不存在绝对正确的观念。相比激进建构主义的激进立场，社会建构主义的态度相对温和，它承认世界的客观存在，并且认为这个世界对所有认知个体是共同的。在社会建构主义视角下，知识的建构发生在人类社会的互动中，并持续不断地演化，以更接近世界的实际状态，尽管完全的一致性不可能实现。社会建构主义强调学习是个体在社会互动中建构知识和理解的过程。与激进建构主义不同，它更加注重学习过程的社会性。社会建构主义认为，知识的形成不仅仅是个体与物理环境的互动结果，在这一过程中，语言和其他符号系统起到了关键作用。在日常生活、社会交往和游戏等活动中，学习者积累了大量的个体经验，这种从具体到抽象建构的知识称为"自下而上的知识"。这种知识通过语言的概括性和选择性，逐渐发展到更高级的认知层面，形成公共文化知识。在个体学习过程中，公共文化知识首先通过语言符号呈现出来，并从抽象概念向具体经验领域扩展，这种从抽象到具体建构的知识称为"自上而下的知识"。在社会建构主义中，个体通过与更成熟的社会成员进行互动，解决其无法独立解决的问题。个体依据自身的知识基础赋予这些知识以意义，将"最近发展区"内的内容转化为个体的实际发展。社会建构主义将这种个体知识和经验的发展路径视为基本的学习路径，强调个体在社会文化背景下通过互动和语言交流建构知识的过程。这种理论框架强调了社会环境和文化背景在知识建构过程中的重要性，揭示了学习不仅是个体的心理活动，还是一个社会化的过程。

3. 社会文化取向

社会文化取向在很多方面与社会建构主义相似，同样深受维果茨基思想的影响，并将学习视为一种建构过程，强调了学习的社会性。然而，社会文化取向在某些方面与社会建构主义有所区别，它更加强调心理活动与特定的文化历史和社会习俗的紧密联系。在这一视角下，知识和学习被视为嵌入在特定的社会文化环境之中，而各种社会实践活动则构成了知识的生成基础。社会文化取向专注探索不同文化、历史时期以及具体情境中个体学习和解决问题的行为差异。它借助文化人类学的研究方法，分析个体在特定文化背景下为实现既定目标而进行的具体实践活动。这种取向认为，个体的这些活动是在特定的社会交往、规范和文化背景下展开的。个体依托自己的先验知识和经验，在一系列实践活动中应对和解决问题，以达成活动的终极目的。社会文化取向认为，学习过程应模仿实际活动的方式，即在为实现特定目标的活动过程中解决实际遇到的问题，并通过这一过程学习相关知识。在这种学习模式中，学生处于积极主动的地位，他们不仅参与问题的提出和解决过程，而且能在其中得到适当的支持和帮助。这一取向倡导的师徒式教学法强调类似传统工匠教育中师傅与徒弟的关系，通过实践中的指导和学习来传授知识和技能。

4.信息加工建构主义

信息加工建构主义观点并不完全属于传统的建构主义范畴。它视认知为一种主动的精神处理活动，并认为学习超越了简单的"刺激—反应"模式，而是涉及信息的筛选、处理和记忆的动态过程。因此，与行为主义相比，信息加工理论展现出明显的进步。尽管如此，信息加工理论仍旧基于这样一个假设：信息或知识已经以某种方式而存在，个体需要首先吸收这些信息或知识，进而开展认知处理活动，从而实现更为复杂的认知任务。信息加工理论确实强调了现有知识在新知识学习过程中的重要性，但主要关注的是现有知识对新信息处理的影响，而非新经验对既有知识的改变。在信息加工建构主义中，新的知识和理解建立在现有知识的基础之上，从而能够超越当前的信息框架，并在这一过程中对原有知识体系进行调整和重构。然而，这一理论并不完全赞同"知识只是对经验世界适应的产物"这一观点，因此有时被认为是一种"温和建构主义"。例如，斯皮罗等人提出的认知灵活性理论便属于此类建构主义思想。

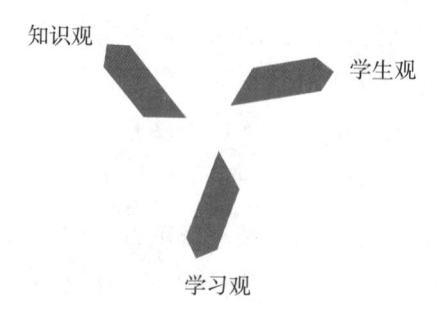

（二）建构主义学习理论

建构主义学习理论的构成主要包括知识观、学生观和学习观，如图2-5所示。

图 2-5　建构主义学习理论的构成

1.知识观

建构主义对知识的主观性和变革性持开放态度，挑战了知识的绝对性和静态特征。其核心观点可归纳为三个关键方面：首先，知识仅是对现实的一种解释或假设，并不直接等同现实的精确映射，因此，随着社会的发展和科学的进步，知识会不断更新，从而产生新的理论和假设。其次，人们在使用知识时，需要根据特定的环境和情境进行调整和再创造。最后，知识的存在并非独立于个体之外的客观实体。尽管知识通过语言和符号获得了外在形式并被人们广泛接受，但每个学习者对于这些知识的理解和内化基于自身的经验和背景，并受特定情境的影响。

建构主义认为，知识应被视为对世界现象的一种较为可靠的理解，而非解释现实的绝对框架。即使科学知识包含真理，它也不应被看作最终不变的答案，而是一种可能正确的现实解释。个体应自行建构对知识的理解，不能仅凭权威或传统即接受某种知识。在学习过程中，个体应基于自身的经验和信念去分析和评估知识的合理性。这种学习不仅涉及对新知识的理解，还包括对其进行分析、检验和批判的能力。此外，知识的应用并非简单地照搬照用，而是需要适应具体情境的独特性。因此，学习者应追求对知识的深入理解和批判性思考，掌握知识在不同环境中的实际应用和变化，以实现更为深刻和具体的思考过程。

2. 学生观

建构主义强调学生的经验丰富且具有个体差异。这种观点认为，学生带着丰富的生活经验和知识进入教室，他们的经验覆盖了从日常生活的细节到宇宙星体运行的广泛领域，包括对自然现象和社会事务的理解。即便面对未曾直接经历的问题，学生也能依托自己的经验，通过推理和判断来形成对问题的合理解释，而非随意猜测。在这个视角下，教育过程不能忽略学生既有的知识和经验，不能试图把新知识简单地"填充"给学生。相反，教育应将学生现有的知识视为新知识发展的基点，引导学生从已有的认知基础上提炼和建构新的理解。教学不仅仅是知识的传递，更重要的是知识的加工和转化。在这个过程中，教师的角色不应仅限于传递信息的媒介，而是应深入理解学生对各种现象的个性化见解，听取学生的观点，探究其思考的根源，并据此帮助学生拓展或调整认知。

有效的教学需要教师与学生共同探讨问题，进行交流和质疑，以理解各自的观点并促进思想的互动调整。鉴于学生经验背景的多样性，他们对同一问题的看法自然有所不同，这种差异性不应被视为障碍，而是应被认为丰富学习过程的资源。在教学中，教师应鼓励学生之间的合作与交流，让他们接触并理解不同观点，从而增进个体的学习体验和认知成长。因此，教育的目的在于促进学生之间的互动和合作，使他们能从多个角度理解和分析问题，进而深化自己的知识和理解。

3. 学习观

基于建构主义的学习观认为学习首先是一种主动建构性的活动。这意味着学习不仅仅是教师向学生传授知识的单向过程，而是学生积极参与并建构自己知识体系的过程。在这个过程中，学生并非仅仅作为信息的被动接收者，而是积极、主动地建构知识和意义。这种建构过程是个人化的，不能由他人代劳。在建构主义的视角中，学习被视为学生对信息进行主动挑选、处理和内化的过程。与行为主义所描述的简单"刺激—反应"模型不同，建构主义认为学习是一个涉及主动探索和意义构建的复杂过程。在这里，知识的形成和理解不是由外部信息单方面决定，而是通过学习者将新的信息与其已有经验进行对比、整合和相互作用，从而在个体的认知框架中形成意义。在这个过程中，学习者根据自己的经验背景，对新信息进行解码和建构，同时，随着新信息的加入，原有的知识体系也会相应调整和改变。因此，学习不仅仅是对信息的简单累积，而是一个包含旧知与新经验相互冲突和交融，导致观念变革和认知结构重组的动态过程。这种过程体现了学习的双向性，即不断地在新旧经验之间进行相互作用和调整。由此可见，建构主义学习观与单纯强调信息输入、存储和提取的认知主义信息加工理论存在明显区别。

建构主义学习观的第二个特征是社会互动性，它反对将学习视为个体在大脑中孤立进行的过程，强调学习是在社会文化环境中通过互动而实现的。在这一观点下，学习被看作在社会参与和文化实践中进行的，学生通过这种参与来内化知识和技能，并掌握相应工具。这种学习过程通常需要借助学习共同体中成员的合作与支持来完成。学习共同体的主要特征包括成员间的知识和技能多样性、共同的学习目标、个人发展与集体知识建构活动的结合，以及共同体内的自我管理等。具体而言，每个成员都能根据自身特长、为集体目标做出贡献，从而获得认可；共同体聚焦集体关注的问题，推进集体知识的发展；个人的发展与集体知识建构并重，鼓励知识与技能的共享；学习共同体还需实现成员自我管理，减少教师的直接控制，而是扮演组织者和促进者的角色。建构主义强调学习共同体中的协商、互动和协作对于知识建构的重要性。这种互动性体现在智慧的分布与共享、认知整合与思想改进，以及思维的外显化和精致化等方面。通过分工合作，学习者可以共同承担复杂的探究任务，通过交流和分享，促进集体知识的构建。协作互动还有助于学习者整合不同观点，促进深层次思考和批判性反思，从而构建更深入的知识和多角度的理解。此外，为了与他人交流，学习者需要明确化自己的思路和观点，并提供支持性的证据，促使学习者的知识和思维策略更为明晰和精细，有助于提升学习的效率和质量。

建构主义学习观的第三个特征强调情境性，它反对将学习视为一种脱离实际情境的抽象过程，而是认为知识的获取和应用必须与具体情境紧密相关。在这个框架下，学习不再是简单地在学校内获取和应用抽象概念的活动，而是应与现实世界的具体情境相结合，从而使学习者能够在实际生活中有效地应用所学知识。情境性学习的核心在于以下三个方面：首先，知识的获取和理解需要在具体的活动情境中进行。概念性知识不应被看作一套与实际应用脱节的抽象符号，而是应通过实践活动，在特定情境中被理解和掌握。其次，学习应与实际的社会实践紧密相连，类似工匠师傅与徒弟的关系，通过参与实践活动来学习社会规则、工具使用和活动流程，从而获得实践知识。这种在实践情境中形成的知识是处理现实问题的有效工具，它不仅体现在实践活动本身，还融入了实践共同体的文化和活动。最后，学习和理解的关键是对特定情境的适应，即学习者需要理解情境中的限制条件和可能性，并在社会互动和实践活动中理解因果关系，从而有效预测和评估自己的行动及其结果。通过情境性学习，学生不仅能够理解知识背后的深层逻辑，还能够实现知识到实践的转化，增强在多变的现实环境中解决问题的能力。因此，情境性是建构主义学习观中不可或缺的一个方面，它要求教育者在设计学习活动时，要将学生置于真实的、具体的、情境化的学习环境中，以促进学生深入理解并有效应用所学知识。

（三）建构主义教学理论

本部分从教学观、教学原则和教学设计三个方面进行阐述。

1. 教学观

建构主义教学观是在其学习理论基础上发展起来的，强调知识的建构性、动态性和相对性，以及学习过程的主动性和情境依赖性。在这种教学观中，教学不再是简单的知识传递过程，而是要激发和利用学生现有的知识经验，引导他们主动构建新的知识和理解，实现知识的再组织、转换和升华。在建构主义教学中，教师的角色转变为创设合适的学习环境，促进学生进行推理、分析和判断等高级认知活动的引导者和促进者。在教学过程中，教师应提供充足的信息资源、信息处理工具及必要的帮助和支持，以帮助学生建构知识和解决问题。建构主义教学理论推崇情境化教学、支架式教学、合作学习等教学策略，这些策略已在数学、科学、语言教学等多个领域显示出其有效性。建构主义教学理论重视学生的个体经验和认知差异，强调教学应适应学生的个性和学习需要，推动学生的主动参与和社会互动，以及在具体情境中的实践活动。教师应关注学生的思维过程，鼓励学生发展个性化的学习路径和策略，成为知识的主动建构者，获得全面而深入的认知发展。

2. 教学原则

建构主义的教学原则核心在于将学生置于学习过程的中心，鼓励他们从被动的知识接收者转变为积极的知识建构者。对此，教师也应从传统的知识传递者角色转变为引导和促进学生主动学习的角色。在建构主义的教学环境中，教师与学生的关系和角色都经历了显著变化。建构主义教学的主要原则如下：第一，实际性原则。建构主义教学应将学习任务与学生的日常生活或实际工作实践相结合，确保学习内容与学生的实际经验紧密相关，使学生将所学知识视为解决个人问题的工具。第二，情境性原则。建构主义教学应设计富有挑战性且能激发学生学习兴趣的教学情境和环境，以便学生在类似情境中能独立解决问题。第三，自主性原则。建构主义教学应赋予学生解决问题的自主性，激发学生的思考能力，引导他们自主寻找解决方案。第四，批判性原则。建构主义教学应鼓励学生对学习内容和过程进行深度反思，培养学生的批判性思维，支持学生在更广泛的社会文化背景下审视和评价自己的观点，从而发展学生的自我管理和自主学习能力。

3. 教学设计

在建构主义教学设计中，教师要特别注意以下四点：第一，注意学生的主体地位。建构主义倡导以学生为中心的教学模式，认为教学应激发学生的主体性、主动性和创造力。教师需要设计活动，让学生能够积极参与、深入探究，并利用自身的知识和技能进行问题的思考和解决。这要求教师在教学过程中为学生提供充分的机会进行思考和讨论，以及调整和完善学生对问题的理解。第二，注意知识建构的主动性。建构主义反对将学生视作被动的知识接受者，而是鼓励学生主动参与知识的建构。因此，教学设计应致力创建一个以学生为中心的学习环境，激发学生的学习动力和主动探究精神，培养他们独立分析和解决问题的能力。第三，注意学习情境的创建。根据建构主义，知识的建构依托具体的学习情境。教师应设计丰富多样的学习情境，包括模拟实践环境或直接利用现实世界中的情境，以促进学生的知识建构。在这些情境中，学生能够将新知识与已有经验相结合，从而进行有效的学习和认知调整。第四，注意协作与对话的重要性。建构主义强调学习是一个社会互动的过程。教学设计应促进学生之间以及学生与教师之间的有效互动和沟通。通过小组讨论、协作研究和集体思维的活动，学生可以共同探索、分析问题，并在互动中构建知识,这有助于促进学生集体智慧的发展和个人认知的提升。

二、人本主义理论

(一)人本主义理论的发展

人本主义心理学兴起于20世纪五六十年代的美国,它强调个体的主观体验、自我实现的需求和人的潜能发展,是对当时主流的心理学派别——行为主义和精神分析学的冲击,标志着心理学领域的一个重大转变。行为主义将人的行为视为刺激与反应的结果,忽略了人的思想和情感;而精神分析学过分关注潜意识和心理异常,忽视了普通人的心理健康和发展。人本主义心理学提出了不同于它们的观点,认为人不应仅仅被视为行为的机器或深受潜意识影响的被动存在,而应被视为有意识、有能力并主动寻求自我实现和发展的个体。人本主义心理学的哲学基础深植于西方的现代哲学流派,尤其是现象学和存在主义。现象学注重个体的直接体验和意识活动,而存在主义强调个体的自由、选择和存在的意义。这两种哲学思潮为人本主义心理学提供了理论支撑,它们共同强调人的主体性、自主性和个体在自己生活中的中心地位。特别是存在主义,它突出了个体存在的独特性和对生活的主观解释,认为人不仅有自由选择自己生活方式的能力,而且对自己的选择负责。

在心理学领域,马斯洛(Maslow)和罗杰斯(Rogers)是人本主义理论的主要代表人物。马斯洛提出了需求层次理论,认为自我实现是人类潜能实现的最高形式,并且每个人都有实现自己潜能的内在动力。罗杰斯则发展了以人为中心的心理治疗方法,强调个体的自我观念和经验在心理发展中的重要性,认为个体内在的自我实现倾向是驱动人类行为和心理变化的关键力量。

人本主义心理学不仅影响了心理学的理论研究和实践,还对教育领域产生了深远的影响。在教育上,人本主义强调学习应该是以学生为中心的，重视学生的个性、兴趣和自主性。教育过程应该关注个体的全面发展，包括情感、社会性以及认知能力的发展。20世纪70—80年代，人本主义教育理念逐渐成为推动教育改革和创新的重要力量。在国际范围内，人本主义心理学也对多个国家的心理学研究和实践产生了影响。它促使心理学家转向更加关注人的正面特质、潜能和个体差异，而非仅仅关注心理障碍和病理现象。这种理论视角的转变，为心理学的研究和应用开辟了新的路径。

（二）人本主义的学习观

1. 自然人性论与需要层次理论

人本主义心理学强调的自然人性论是对人的本质和驱动力的一种理解，它与社会人性论形成鲜明对比。社会人性论认为人的行为和性格主要由社会环境塑造，而自然人性论则认为人的本性根植其自然属性，是与生俱来的，这种本性是人区别于其他生物的基本特征。例如，马斯洛认为人的心理价值体系根源其内在本性，人们不需要依赖外部权威来实现自我价值和发展潜能，并强调每个人内部都有一种内在的倾向，这种倾向推动个体以有益于自身生存和发展的方式来实现和发挥个人潜力。

马斯洛的需求层次理论进一步展开了自然人性论的观点。他于1943年提出这一理论，将人的需求从低级到高级分为多个层次。生理需求是最基本的需求，包括吃、喝、睡眠等，这些需求与个体的生存直接相关。在满足了生理需求后，个体会追求安全需求，包括身体的安全、财产的保障以及生活环境的稳定。随后是社交需求，涉及人际关系、友谊以及社会归属感，这些需求反映了个体对人的社会性和归属感的追求。尊重需求进一步提升了个体对自尊、成就感和他人认可的追求。最后是自我实现的需求，这是马斯洛需求层次理论的顶层，体现了个体追求自身潜能实现和个人理想的最高需求。马斯洛后来在尊重需求和自我实现需求之间添加了求知和审美的需求，这两种需求体现了人追求知识理解和美感体验的高级心理活动。这一补充强调了人不仅仅满足于基本的生存需求和社会需求，还追求更深层次的精神和文化生活的满足。通过需求层次理论，马斯洛展示了个体从基本生理需求到高阶精神需求的发展过程，这一过程反映了人本主义对人性积极、自主和发展潜能的认识。这一理论不仅丰富了人本主义心理学的内容，也对后来的心理咨询、教育实践和管理理论产生了深远影响，使人们更加关注个体的全面发展和自我实现的过程。

2. 内在学习论

人本主义理论强调，个体的成长和发展根植于自我实现的需求，这种需求是推动人格建构、发展、扩展和成熟的核心动力。马斯洛将自我实现的需求描述为个体实现和展现自身潜能的深层愿望，即人追求其潜能得到充分发挥和实现的内在动机。这种需求的满足导致人格的塑造，其中人格发展的关键在于建立和完善一个正面的自我概念。人本主义心理学认为学习是个人潜力实现的过程，是个体自我成长的体现，也是人格和本性发展的途径。同时，学习的核心在于发掘和培育个人的潜力，尤其是那些能促使个体成为"真正的人"的潜力。这种学习过程不仅基于满足个体最基础的需求，还特别注重促进学习者自我实现需求的满足。在人本主义看来，个体的社会化和个性化过程是紧密联系且相辅相成的，认为教育的终极目标是自我实现，教育的真正意义在于激发和发展个体的潜能，完善人的本性，帮助学习者成为一个全面发展的人。这一观点为教育提供了新的方向，即教育应支持个体的全面发展，促进其向自我实现的方向努力。

3. 有意义学习

有意义学习是一种深刻影响个体行为、态度、个性以及未来决策的学习过程。在这种学习中，个体不仅吸收知识，而且经历内在的变化，从而影响其整体的生活方式和世界观。罗杰斯和奥苏贝尔的有意义学习理论虽同名，但侧重点不同。罗杰斯的理论强调个人与学习内容之间的主观关联，重视学习过程中个体的经历和感受，认为学习应以学生的经验为基础，注重内在兴趣和主动性，通过整合个人的愿望、兴趣和需求来实现学习的自然发生,使学习过程变得自发和高效。相反,奥苏贝尔的有意义学习则侧重于新旧知识之间的联系,更多关注认知结构的建构和理智层面的学习,而不涉及个人情感或意义的构建。罗杰斯认为,儿童如果能自主学习,将会学得更快、更持久,并且学到的知识更具实际意义。相比之下,纯粹基于理智的学习方法,如传统的课堂讲授,不会引起儿童的全身心投入,因为这种学习方式与个体的完整性——包括情感和个人意义——脱节。罗杰斯对传统教育持批判态度,认为很多课堂学习内容对学生而言缺乏个人意义,传统教育制度将学生的身心分离,限制了他们情感和情绪的自由表达。罗杰斯提倡的自由学习原则反映了他的人本主义学习观。他认为,对个体行为产生影响的知识必须是学习者自行发现并融会贯通的。教育者的角色不应是传授知识或教授学习方法,而应成为学习资源的提供者和学习氛围的营造者,让学生自主探索和学习。罗杰斯对教师在传统教育体系中的角色进行了深刻反思,他认为在传统模式下,教师扮演知识的传递者和权威的拥有者,而学生则是被动的知识接收者和服从者,这种关系削弱了学生的主动性和创造性。因此,他建议转变教师的角色,从传统的"教师"转变为"学习的促进者",以支持和鼓励学生的自主学习和个性发展。

(三)人本主义的教学观

人本主义教学观深植于认为情感和认知在学习过程中是不可分割的有机整体的理念中。人本主义心理学家反对将人的学习过程简化为行为主义中的条件反射或认知心理学中的信息处理过程,强调个体情感、价值观和态度在学习中的重要作用。他们认为,要全面理解人的行为,就必须深入了解个体的知觉世界,因为个体的行为、信念和知觉是互相影响的。在这种观点下,教学目标应达到知情统一,即教育应同时关注情感和认知的发展。罗杰斯等人本主义心理学家倡导的教育理念旨在培养一个身心合一的完整个体,即那些在情感和认知上都能实现自我发展的人。从教学过程的角度看,人本主义者强调教育应该以学生为中心。他们认为，个体的潜能实现更多地来自内在驱动而非外部教育的强制。在这种理念下，教育的环境应当像阳光、水和空气一样，为学生提供必要的养分，促进其内在潜能的自然成长，而不应像设计好的模具强制塑造学生。因此，教学过程应以学生为主体，为其提供自由、安全、富有人情味的学习环境，让学生在这样的环境中发现适合自己的学习方式和内容，实现自我潜能的发展。在这种学习观下，教师的角色由传统的知识传递者转变为学习的促进者。罗杰斯认为，促进学生学习的关键不在于教师的教学方法或教学内容本身，而在于创建一种特定的心理氛围，这种氛围应当基于教师和学生之间积极、支持性的人际关系。教师应当成为学生的协作者、伙伴和朋友，而非权威的知识传递者，这样学生在学习过程中才能成为真正的主体。总的来说，人本主义的教学观强调教育过程不仅要传授知识，还要关注学生的个人经验、情感发展和内在驱动力，创造支持性的学习环境，以学生为中心，真正实现学生在学习中的主体地位。教师在这一过程中扮演的是激励者、引导者和支持者的角色，而非单纯的知识传递者。

三、研究性教学理论

研究性教学理论作为建构主义学习理论的实践延伸，强调学习者通过主动探索和研究活动来建构知识。这种教学模式和方法源自建构主义理论，特别是基于认知建构主义的先驱皮亚杰和社会建构主义的奠基人维果茨基的思想发展而来，这两位学者都强调学习是个体主动建构知识的过程，而非被动接受外部给予的信息。因此，研究性教学将学习视作一种类似科学研究的探索活动，强调学习者在此过程中主动获取、分析和综合知识，以解决实际问题，学习过程可以包括问题提出、资料搜集、假设验证和结论总结等科学研究的基本步骤。在研究性教学中，学生不是被动接受知识，而是通过探究学习，使知识在实际应用中有意义地建构和重组。

传统的高校英语教学多集中听、说、读、写技能的训练，往往缺乏具体的、引人入胜的教学内容，导致教学过程显得枯燥且机械。研究性教学模式通过引入真实的研究项目，鼓励学生将英语学习与研究活动结合起来，通过自主选择研究主题、搜集信息、分析数据和撰写报告等活动来深入学习和应用英语，使学习过程变得更加生动和实际。这种方式使英语学习超越了传统语言学习的范畴，成为一个综合能力的培养过程，不仅提供了新的教学内容，而且促进了学生英语技能的实际应用，使学生在解决实际问题过程中练习和提高了语言技能。研究性教学要求教师在教学设计中提供充足的空间和资源，促进学生的主动探索和研究。例如，教师可以设计以问题为基础的学习项目，让学生围绕这个问题进行小组讨论、信息搜集和实证研究。这种方法不仅促进了学生的批判性思维、问题解决能力和创新能力，还加强了他们的团队合作和沟通技能。此外，研究性教学并不忽视语言技能的培养，而是通过将语言知识与信息获取、问题分析、精确表达和书面写作等实际应用结合起来，从而更加有效地提升学生的语言应用能力。这种教学模式不仅适用于英语专业的学习，还适用于非英语专业的高校英语教学，其中学生可以自主选择研究主题，跨越人文科学、社会科学和自然科学的界限，从而实现语言技能和思维能力的双重提升，拓宽知识视野。

四、后现代主义教学观

后现代主义教学观基于对"现代性"教育特征的深度反思和批判而形成，强调教学的开放性、超前性和创新性。后现代主义哲学最早于20世纪80年代引入我国，并在之后的几十年里影响了我国教育理论和实践的多个方面。这种教学观反对现代主义追求的一致性、普遍性和中心性，提倡多元性、非线性、矛盾性和无限性。在教育目的上，后现代主义拒绝了传统教育的"完人"目标，主张教育应关注学生的个性化发展。它强调教育不应追求所有学生的全面发展，而是应根据每个学生的特点和生活背景，培养具有独立性和批判性的个体。后现代主义视角下的教育目的是培养具有批判思维的、能够适应快速变化的社会环境和个人生活需求的公民。在课程观方面，后现代主义批评现代主义的课程观为封闭和非科学的。从建构主义和经验主义出发，后现代主义提出了包含丰富性、循环性、关联性和严密性等原则的课程标准。这些原则强调课程内容的多样性和实践性，以及学习过程中知识的内在联系和系统性。在后现代主义视角中，教学过程被视为自组织过程，即在外部看似混沌和无序中，通过内部和外部因素的相互作用，自发地形成有序结构。这种观点突破了传统教学过程的线性、规定性框架，强调在不断变化的教育环境中保持教学活动的自主性和动态性。在师生关系上，后现代主义主张建立师生平等对话的平台。在这种关系中，教师不再是知识的唯一传递者，而是与学生共同生活在学习的情境中，成为学生学习过程的引导者和参与者。这种变化反映了对知识传播方式的新认识，强调利用现代技术手段促进学生的主动学习。在教学评价方面，后现代主义提倡生态式激励评价，关注学生个性化发展，强调评价的差异性和多样性。后现代主义认为教学评价应反映个体差异的平等，使用多样化的标准和要求，肯定和保护每个学习者的独特性和多样性。总体而言，后现代主义教学观为教育领域带来了新的视角和方法，强调教育的多元性、开放性和个性化发展，对传统教育模式和教学实践提出了挑战和改革。这种教学观旨在促进学生的独立思考、自主学习和个性化发展，以更好地适应多变和复杂的现代社会环境。

第四节　高校英语教学模式创新性发展的途径

在当今快速变化的教育环境中，高校英语教学模式的创新性发展成为教育界的一个重要议题。为了提升教学质量和学生的语言能力，高校需要对教学模式进行创新和优化。从整体来看，不管何种教学模式，都要遵循一定的途径进行模式创新，如转换教学思维、创新教学方式、优化教学环境、优化教学评价等,如图2-6所示。这些途径不仅有助于提高教学效果,还能激发学生的学习兴趣和创造力,进而促进英语教学的全面发展和进步。

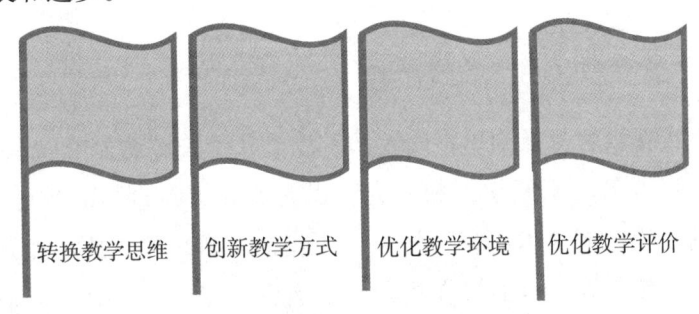

图2-6 高校英语教学模式创新性发展的途径

一、转换教学思维

(一)转换教学思维的重要性

教育者的思维转换是教学创新和教育改革的重要驱动力。在快速变化的现代社会,传统的教学思维已经无法满足新时代教育的需求。因此,教育者需要转变思维方式,以适应新的教育理念和实践要求。第一,教育者的思维转换意味着教学要从传统的以教师为中心转向以学生为中心。在传统教育模式中,教师是知识的传递者,学生是被动的接受者。这种思维模式强调知识的传授和记忆,忽视了学生主动性、创造性和批判性思维的培养。教育者需要改变这种思维,重视学生的主体地位,关注学生的需求和兴趣,提倡学生通过探索、实践和合作来主动建构知识和技能。第二,教育者的思维转换包括从内容导向转向能力导向的教学。传统的教学思维过于强调知识的传授和覆盖,而忽略了学生能力的发展,特别是学生批判性思维、问题解决能力、创新能力和终身学习能力的培养。教育者需要转变思维,从教学内容的选择到教学方法的设计都应以培养学生的核心素养和关键能力为中心。第三,教育者的思维转换需要从封闭式教学转向开放式教学。在经济全球化、信息化时代,知识更新迅速，学习资源丰富多样，传统的封闭式教学模式限制了学生的视野和学习方式。教育者应转变思维，拓宽教学视野，利用网络和多媒体等现代信息技术，为学生提供更加丰富、多元和开放的学习资源和环境。

（二）转换教学思维的途径

为了实现教育者教学思维的转换，以下几条关键途径可以作为参考：第一，教育者需要不断学习和研究，以充实和更新自己的教育知识库。这不仅包括传统的学术研究和阅读，还包括对新兴教育技术和方法的探索。例如，教育者可以通过在线课程、教育论坛和专业研讨会来接触和学习最新的教学理论和实践，这有助于他们理解教学领域的发展趋势和挑战。此外，参与国际教育交流项目或访问先进的教育机构能够为教育者提供实地学习和体验的机会，从而帮助他们更直接地理解和吸收创新的教学理念和策略。第二，反思和实践对于教育者的思维转换至关重要。教育者应定期审视自己的教学实践，识别其中的优势和弱点，并基于这种自我评估，尝试新的教学方法。例如，教师可以在课堂上实验项目式学习、翻转课堂或基于探究的学习方法，然后根据学生的反馈和学习成果来调整教学策略。通过这种实践和反思的循环，教育者可以逐步形成更加开放和灵活的教学思维，从而更好地适应教育的变化和学生的需求。第三，交流和合作是促进教育者思维转换的重要途径。通过与同行的交流，教育者可以相互分享经验、相互启发，从而拓宽视野，丰富教学方法。这种交流既可以在校内进行，例如定期的教学研讨会和工作坊，也可以通过参与国内外的教育会议和网络社区进行。合作则可以通过跨学科项目、学校间的合作计划或与社区和行业的伙伴关系来实现。这些合作不仅能为教育者带来新的观点和资源，还能提供实际的合作教学和研究经验，有助于教育者在实践中理解和应用新的教学思维。第四，利用现代技术是推动教育者思维转换的有效手段。随着教育技术的发展，大量的在线资源和工具变得可用，可以用来支持教育者的专业发展和教学实践。例如，教育者可以利用在线平台进行协作教学设计、使用数字工具创造互动体验，或者利用数据分析工具评估学生的学习成效。通过这些技术手段，教育者可以更有效地实现个性化教学，同时提高教学的灵活性和创新性。第五，培养开放和创新的文化是促进教育者思维转换的关键。学校和教育机构应鼓励教师采取创新的教学方法，为他们提供实验和创新的空间。这可以通过建立支持创新的政策、提供专业发展机会和资源，以及创建鼓励风险尝试和创新的环境来实现。在这样的文化氛围中，教育者能够自由地探索和实践新的教学思维，从而不断改进和创新自己的教学实践。通过这些途径，教育者可以有效转换自己的教学思维，从而更好地适应教育变革，满足学生的多元需求，促进学生的全面发展。教师这种思维的转变不仅有助于提高教学质量和效果，还是实现教育创新和持续改进的关键。

二、创新教学方式

（一）创新教学方式的重要性

创新高校英语教学方式的重要性在于能够更好地适应教育发展的趋势，满足学生多样化的学习需求，提升教学的有效性和质量。随着经济全球化和技术革新的加速，英语作为国际交流的主要语言，其教学方式需要不断创新，以培养学生的实际应用能力和跨文化交流能力。具体而言，第一，教学方式的创新能够激发学生的学习兴趣和积极性。传统的教学方式往往是教师主导的讲授方式，这种单向传输的学习方式可能导致学生的被动接受，从而降低学习效率和兴趣。创新的教学方式，如翻转课堂、项目式学习和情境模拟等，能够提供更多互动和参与的机会，使学生在实际应用中主动探索和学习，从而提高学习的积极性和效果。第二，创新教学方式有助于培养学生的综合语言能力和跨文化交流能力。在经济全球化背景下，学生不仅需要掌握语言知识，还需要具备使用语言进行有效交流和解决实际问题的能力。通过模拟真实的语言使用环境，如跨文化交流项目、国际视频会议和中外教师合作等，学生可以在真实或模拟的语境中练习和应用英语，从而增强实际应用能力，拓宽视野。第三，创新教学方式可以更好地融合现代信息技术，实现教学资源的优化配置和全面利用。网络教学平台、在线课程和多媒体资源等现代教育技术的应用可以突破时间和空间的限制，提供更加丰富和灵活的学习资源和方式。这种技术融合的教学方式不仅能丰富教学内容，还能提高教学效率和学生的自主学习能力。第四，教学方式的创新有利于促进教育公平和个性化发展。采用多样化的教学策略和方法可以更好地满足不同学生的学习需求和特点，实现教学内容和方式的个性化匹配。这种针对学生差异化的教学设计有助于促进教育公平和学生的个性化发展。

（二）创新教学方式的途径

为实现高校英语教学方式的创新，需要采取多元化和实践性强的途径，确保教学改革既切合实际，又能有效实施。第一，深入研究学生的需求和特点。教学方式的创新应基于对学生实际需求和学习特点的深入了解。通过问卷调查、访谈、课堂观察等方式搜集学生的反馈信息，教师可以更准确地掌握学生的学习偏好、兴趣点和面临的挑战。这些信息有助于教师设计更加贴近学生实际需求的教学活动，从而提高教学效果。第二，引入跨学科和实践导向的教学项目是创新教学方式的有效途径。可以结合英语学习与其他学科的知识，如商务、科技、文化等，开展跨学科项目，以激发学生的学习兴趣，拓宽其视野。实践导向的教学，如实习、社会服务、研究项目等，可以让学生将所学的英语知识应用于实际情境，以增强学习的实用性和有效性。通过这种方式，学生不仅能在真实或模拟的环境中提高英语应用能力，还能培养解决问题和跨文化交流能力。第三，开展国际交流与合作是推动教学方式创新的重要手段。通过与海外高校的合作项目，学生可以直接接触不同的文化背景和教学环境，参与国际学术交流和文化互动。这种国际化的学习经验不仅能提升学生的英语语言能力，还能扩大他们的全球视野，增进他们的跨文化理解。第四，教育技术的整合是实现教学方式创新的关键。利用网络资源、在线学习平台、虚拟现实等技术工具可以创造更加灵活多样的学习环境，提供个性化和互动性强的学习体验。教师可以根据学生的学习特点和需求，设计和实施多种在线和离线相结合的教学活动，如在线讨论、虚拟课堂、互动式模拟等，以增强学生的参与度和学习效果。第五，持续的教师专业发展和培训是确保教学方式创新实施的基础。教育机构应为教师提供定期的培训和研讨机会，帮助他们掌握最新的教育理念、教学方法和技术工具。通过参加工作坊、研讨会和进修课程，教师可以不断提升自己的专业技能和创新能力，更好地应对教学方式的改革和挑战。第六，建立反馈和评估机制是实现教学方式创新的重要途径。通过定期搜集和分析学生的学习成果、教学反馈和满意度调查，教师和教育管理者可以评估教学方式创新的效果，及时发现并解决实施过程中的问题。这种持续的反馈和评估有助于教育者不断调整和完善教学策略，确保教学方式创新能够有效促进学生的学习和发展。通过这些途径，高校英语教学方式的创新可以更贴合学生的需求，促进学习效果的提升，提高学生的综合能力和国际竞争力，为学生未来的学习和职业发展奠定坚实基础。

三、优化教学环境

（一）优化教学环境的重要性

优化教学环境能够直接影响教学的质量和效果，特别是在高校英语教学中，一个良好的教学环境对于促进学生的语言学习和能力发展尤为关键。教学环境不仅包括物理环境，如教室设施和学习资源，还包括心理环境，如课堂氛围和师生关系。首先，一个积极和支持性的教学环境能够增强学生的学习动力和参与度。在这样的环境中，学生更愿意积极参与课堂讨论和活动，更容易保持学习的热情和兴趣。这种环境有助于激发学生的好奇心和探索欲，使他们更加主动地探求知识和提升自己的语言能力。其次，良好的教学环境有助于减少学生的焦虑和恐惧感，特别是在语言学习中,焦虑是影响学生表现的一个重要因素。在一个轻松和鼓励性的环境中,学生可以更自信地表达自己,更愿意尝试和犯错,从而有利于他们语言能力的实践和提高。最后,优化教学环境有助于培养学生的创新意识和创造力。提供丰富多样的教学材料和活动以及鼓励学生的自主学习和批判性思维可以激发学生的创新思维和解决问题的能力。这种教学环境不限于课堂内部,还应延伸到课外活动和实践中,使学生能够在不同情境中应用和拓展他们的语言技能和创新能力。

(二)优化教学环境的途径

为优化高校英语教学环境,高校需要采取一系列切实有效的措施。这些措施应覆盖物理环境、心理环境、文化环境和技术环境等方面。

在物理环境方面,高校应着力改善和升级教学设施,确保教室具备良好的光照和通风,配备先进的教学设备,如智能黑板、多媒体投影仪和高速网络连接。这些设施可以为学生提供更加舒适和高效的学习体验。同时,高校应设立多功能的学习区域,如图书馆、语音实验室和自习室,以支持学生的自主学习和小组合作。

在心理环境方面,高校应营造开放、包容和鼓励创新的氛围。教师应采取开放和包容的态度,尊重每个学生的独特性和学习风格,鼓励学生提出问题、分享观点和进行批判性思考,给学生留下足够的探索空间,让学生尝试新的方法和解决问题的途径,接纳不同的意见和答案。这种开放和包容的态度有助于建立一个安全和支持性的学习环境,让学生感到自己的贡献被重视和尊重。实施民主和互动的教学方式,如团队合作、研讨会和案例分析等,可以增强学生的参与感和学习动力。此外,建立公正透明的评价体系,给予学生及时有效的反馈,对其进步给予认可,对存在的问题提供建设性指导,有助于提高学生的自信心和学习积极性。

在文化环境方面,高校应着力构建跨文化和国际化的学习环境。首先,高校应建设校园文化。在文化环境的建设中,校园文化的营造对于优化教学环境具有重要意义。校园文化建设应注重融入多元文化元素,创造开放、包容和国际化的学习氛围,从而促进学生的跨文化理解和交流能力的发展。具体可以通过举办国际文化节、多元文化主题展览和国际学术交流活动等方式实现。这些活动能够让学生直接接触和体验不同的文化传统和价值观,增进他们对全球多样性的认识和尊重。通过这样的文化体验,学生能够在日常的学习和生活中增强跨文化沟通的技能和全球公民意识。其次,高校还可以整合校内外资源,邀请国际学者和专家来校举办讲座和研讨,建立国际合作项目,鼓励学生参与海外学习和实习计划。这样不仅可以拓宽学生的国际视野,还可以提供实际的跨文化交流和合作经验,从而使学生在语言运用和文化适应方面的综合能力得以提升。再次,高校应倡导开放和创新的校园文化氛围,鼓励学生积极参与文化创新和实践活动。通过设立文化创意工作坊、学生社团和创新实验室等平台,学生可以在这些实践中发挥自己的创造力和探索精神,参与文化产品的创造和文化活动的策划。这种参与和实践不仅能够丰富学生的校园生活,还能够激发他们的创新意识和实践能力,进一步促进学生综合素质的提升。最后,高校可以加强校园文化建设的系统规划和持续推进,包括制定长期的文化发展战略、建立文化活动的常态化机制,以及提供必要的资源和支持。这样的系统化努力可以确保文化环境建设的连续性和有效性,形成一个有利于学生学习和成长的稳定而富有活力和创造性的文化环境,促进学生在语言学习、文化交流和个人发展等方面的全面提升,培养出具有国际视野和创新精神的人才。

在技术环境方面,高校应主动、积极、充分地利用现代信息技术,如在线教学平台、移动学习应用和虚拟现实技术,为学生提供丰富多样的学习资源和互动体验。通过整合线上和线下的教学资源,教师可以设计更加灵活和个性化的教学方案,满足学生不同的学习需求和风格。同时,利用数据分析工具监控学习过程,及时调整教学策略,优化学习路径是提高教学效果的重要手段。

通过上述途径优化教学环境,可以为学生创造一个有利于英语学习和个人发展的环境,激发其学习潜能,促进其在语言技能、文化理解和创新能力等方面的全面发展。这不仅有助于提高教学质量和效果，还能为学生未来的学习和职业生涯发展打下坚实基础。

四、优化教学评价

（一）优化教学评价的重要性

优化教学评价的重要性在于其直接关系教学质量的提升和学生全面发展的促进。有效的教学评价体系能够准确反映学生的学习状况，促进学生的自我认知和自我提高，同时为教师提供反馈，帮助其调整教学策略和内容。具体而言，第一，过程化的评价形式有助于全面了解学生的学习进展。传统的终结性评价往往只关注最终的成绩或结果，而忽视了学习过程中的变化和发展。过程化评价则注重在整个学习周期内对学生的知识掌握、技能应用、情感态度和学习策略等多个方面进行持续的观察和分析。这种评价方式可以及时发现学生在学习中遇到的问题，为教师提供调整教学方法的依据，同时激励学生持续努力，促进其主动学习和自我发展。第二，评价方式的多元化有助于全方位衡量学生的学习成效。单一的评价方式往往无法全面反映学生的实际能力和潜力，多元化的评价方式则能够从不同的角度和层面对学生进行综合评估，包括书面考试、口头表达、项目作业、实践活动等形式，能够更加全面和客观地评价学生的语言技能、思维能力、创新精神和团队合作等多个维度。第三，评价内容的多元化有助于促进学生全面发展。教学评价不应仅限于学术成绩的考查，还应包括学生的兴趣培养、个性发展、社会实践等方面。通过对这些方面的评价，教师可以更好地了解学生的综合素质和发展潜力，从而提供更加个性化和全面的教育支持。第四，评价策略的多样化有助于提高评价的有效性和公正性。不同的评价策略能够适应不同的学习情境和需求，如自我评价、同伴评价、教师评价、家长评价等。采用不同的评价策略可以从不同视角获取评价信息，增加评价的维度和深度。这种策略的多样化不仅有助于减少单一评价方式的偏见和局限，还能促进评价的公正性和科学性。

（二）优化教学评价的途径

有效优化教学评价需要采取综合且具体的途径来确保评价体系的全面性和适应性。第一，建立动态的评价机制至关重要。这不仅涉及评价的形式和内容的多样性，还包括评价频率和时机的灵活安排。评价应成为教学的组成部分，贯穿教学的各个阶段，包括课前、课中和课后。例如，课前评价可以帮助教师了解学生的基础水平和需求，课中评价有助于监控学习过程和及时调整教学策略，课后评价则可以总结学习成果和提供反馈。第二，在评价方式的实施上，应强调形式和内容的多元化。除了传统的笔试和口试，教师还可以引入基于项目的评价、基于表现的评价、同伴评价和自我评价等多种评价方式。这些评价方式可以更全面地反映学生的学习情况，包括他们的知识掌握、技能应用、情感态度和学习策略等各个方面。同时，采用电子学习档案、数字化作品集和在线互动平台可以更有效地搜集和整理学生的学习数据，为评价提供丰富的依据。第三，在评价内容上，评价不应局限于学术成绩的量化指标，而是应更多地关注学生的全面发展，包括学习动机、参与度、团队合作、创新思维和领导能力等非学术因素。通过设定具体、明确和多维度的评价指标，教师可以更全面地了解和促进学生的个人成长和综合素质发展。第四，发展先进的评价工具和技术是优化教学评价的重要途径。利用信息技术和大数据分析，教育者可以更系统和科学地分析学生的学习数据，识别学习模式和趋势，从而提供更精准和个性化的教学支持。同时，通过建立在线评价和反馈系统，教师和学生可以实现即时互动和沟通，使评价过程更加高效和透明。第五，培养教师的评价意识和能力是实现评价优化的关键。高校应为教师提供专业培训和发展机会，帮助他们掌握多元的评价理念和方法，提高他们在实际教学中应用评价工具和策略的能力。此外，鼓励教师开展交流和合作，分享评价经验和最佳实践可以促进评价方法的创新和改进。

这些综合途径的实施可以构建一个更加科学、全面和有效的教学评价体系，不仅能够准确反映学生的学习成果，还能够促进学生的全面发展和教师的专业成长，从而提升整体的教育质量和效果。

第五节　教学模式的未来发展趋势

随着社会的快速发展和教育需求的多样化，教学模式正面临着重要的转型期。未来的教学模式将不再局限于传统的教学理念和方法，而是朝着更为灵活、多元和创新的方向发展，更加注重实际应用、信息技术的融合、地方文化的特色、学习者的个性化需求以及跨学科的综合发展，如图2-7所示。这些趋势是教育领域对于社会变化的响应，将更好地满足学习者的需求和促进知识的深入理解。

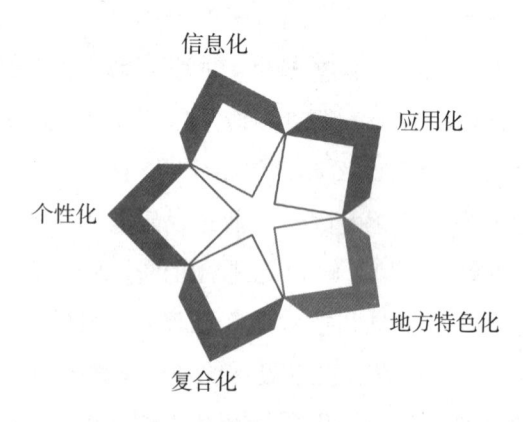

图 2-7　教学模式的未来发展趋势

一、信息化

经济全球化进程的加速和信息技术的飞速发展对语言教育领域产生了深远影响，不仅改变了人们获取信息和知识的方式，而且重塑着英语教学的方法和路径。未来，教学模式将逐渐向数字化和网络化转变，采用云计算、大数据、在线平台、虚拟现实、增强现实和人工智能等技术来支持教学和学习，使教育资源更加丰富，教学方法更加多元，学习环境更加灵活。此外，信息化的教学模式能够为学生提供虚拟现实环境和模拟情境，增强语言学习的互动性、沉浸感和实践性，更加符合未来社会对于语言能力和交际技能的需求。具体而言，第一，信息技术的发展极大地扩展了英语学习的时空范围，提供了更为丰富和多样的学习资源。通过网络平台和数字工具，学生可以随时随地接触各种英语听、说、读、写的实践机会，从在线课程到虚拟交流、从数字图书馆到互动语言软件，可以获取丰富的英语学习的内容。这种随时可得的学习资源满足了学生对灵活性和个性化学习的需求，有助于提高学习的主动性和效率。第二，信息化促进了教学评估和反馈的即时性和精准性。利用信息技术，教师可以实时追踪学生的学习进度，通过数据分析来评估学习效果，及时提供个性化的反馈和辅导。这种基于数据的教学决策和反馈机制有助于更精准地诊断学生的学习问题，制定有效的教学策略。第三，信息化符合未来社会对人才的需求。在经济全球化背景下，社会对于具备良好英语沟通能力和跨文化理解能力的人才的需求日益增长。信息化英语教学能够提供更广阔的国际视野和文化交流机会，帮助学生掌握语言技能，理解和适应不同的文化背景，以培养经济全球化时代所需的复合型人才。

二、应用化

未来教学模式的发展趋势之一是应用化，这是因为当前社会和经济环境对教育提出了更高的实践和应用要求。随着知识经济和技术创新的发展，教育的目标不只是传授理论知识，更重要的是培养学生的实际操作能力、问题解决能力以及创新思维。应用化的教学模式响应了这一需求，强调将理论与实践相结合，通过实际操作和问题解决过程，提高学生的职业技能和实践经验。应用化的教学模式具有显著优势：首先，增强了教学的针对性和实效性。通过案例分析、项目驱动和实习实训等方法，学生能够在实际操作中学习和应用理论知识，这种学习方式直接关联真实世界的复杂问题和挑战，使学生的学习更具有目的性和实用性。例如，通过参与真实的业务项目，学生可以理解理论在实际工作中的应用，培养解决实际问题的能力。其次，应用化的教学模式促进了学生的综合素质培养。在解决实际问题过程中，学生不仅需要运用专业知识，还需要运用批判性思维、创新能力、团队协作和沟通技巧等。这种综合能力的培养对学生未来的职业发展和个人成长具有重要影响。再次，应用化的教学模式有助于强化学习的持续性和深度。学生在面对具体问题、参与实际项目过程中，往往需要不断地学习新知识、探索新方法，这一过程有助于学生形成自主学习和终身学习的习惯。最后，实际应用中的体验和反思可以深化学生对知识的理解和掌握，同时，应用化的教学模式有利于教育内容的更新和教学方法的创新。随着社会需求的变化，教学内容和方法需要不断调整和优化以适应新的要求。应用化教学模式鼓励教师根据行业发展和技术进步，更新教学内容，采用更有效的教学策略，使教育更加贴合社会和经济的实际需要。总之，应用化的教学模式是未来教育发展的重要方向之一。它通过强化理论与实践的结合，不仅能够提高教学的实效性和学生的职业技能，还能够促进学生综合素质的发展，响应社会对高素质人才的需求。因此，发展应用化的教学模式对于提升教育质量和满足未来社会发展需求具有重要意义。

三、地方特色化

教学模式的地方特色化是响应经济全球化背景下地方身份和文化多样性需求的必然趋势。随着社会对教育多元化的需求日益增长，教学模式应在设计和实施中更加重视地方文化、经济和社会发展的特点，在提升教学质量、促进人才培养的同时，促进地方文化的传承，满足区域经济发展的具体需求。

地方特色化的教学模式的优势体现在以下三个方面：第一，地方特色化的教学模式能够增强学生的地方文化认同感。教学中融入地方历史、文化等，可以帮助学生建立起对自己文化根源的认识和自豪感。这种文化的认同感对于学生的个人成长和身份形成具有重要意义。地方文化的元素，如本地历史故事、民间艺术、地理特征等，被纳入教学内容，不仅使教学更加生动和具有吸引力，而且有助于学生深刻理解和珍视自己的文化遗产。第二，地方特色化的教学模式能够促进教育内容和方法与地区经济和社会发展需求的紧密结合。教育不再是脱离实际的知识传授，而是成为推动地方经济发展和解决社会问题的重要力量。通过针对地方特定行业和发展目标设计的教学活动，学生能够获得与地方经济发展相匹配的技能和知识，从而增加学生未来的竞争力和地区经济的活力。第三，地方特色化的教学模式有助于实现教育资源的优化配置。通过考虑地方的具体需求和特点，教育资源投入可以更有针对性和效率，避免资源浪费和教育脱节现象。第四，这种教学模式的发展能促进地方教育机构之间的合作，从而提高整个地区的教育质量和水平。

在教学实践中，地方特色化的教学模式鼓励教育者深入研究本地区的文化背景、经济状况和社会需求，以确保教学内容和方法能够有效反映和服务地方特色和需求，并且需要教育者具有较强的地方意识和社会责任感，主动对本地区的条件和资源进行深入挖掘。教师和学校深入了解本地区的实际情况，将这些知识和理解转化为教学内容和方法。这种基于实地研究和理解的教学设计更加贴近学生的生活经验和认知，有助于激发学生的学习兴趣和提高参与度。同时，这种教学模式的发展为教师的专业成长提供了广阔的空间，鼓励他们探索和创新，将个人教学实践与地方特色相结合。地方特色化的教学模式还促进了教育的社会参与和社区服务功能。通过将教学活动与地方社区的需求和问题相结合，教育可以直接对社会发展产生积极影响，学生也能够在这一过程中获得宝贵的社会实践经验，增强社会责任感和公民意识。因此，地方特色化的教学模式不仅体现了教育的实用性和针对性，还彰显了教育的社会价值和文化意义。

四、复合化

社会教学模式的复合化是教育发展的必然趋势，特别是在当今这个知识迅速更新、学科边界日益模糊的时代背景下，社会对人才的需求已经从单一学科专业知识向综合能力和跨领域技能转变，并且现代社会面临的问题越来越复杂，往往需要多学科知识的综合运用和团队合作来解决，因此，未来的教育将不再是单一学科的知识传授，而是需要提供一个多学科交叉、知识综合的学习环境，帮助学生建立起宽广的知识视野和综合解决问题的能力。复合化教学模式通过跨学科和综合性的教学策略，强调不同领域知识和技能的整合，培养学生的综合素质和创新能力，使其适应快速变化的社会和多元化的工作环境。

　　复合化的教学模式具有多方面优势。第一，它可以促进学生全面发展，不限于某一学科领域的知识和技能，还包括批判性思维、创造性思维、沟通协作能力等。这种综合性能力的培养更符合未来社会的需求，能够为学生未来的学习、工作和生活奠定坚实基础。第二，复合化的教学模式能够促进知识的深入理解和创新思维的培养。通过跨学科的学习和研究，学生能够从不同角度和层面理解问题，这种多角度的理解有助于深化对知识的掌握和运用。同时，面对多学科融合的问题，学生需要运用创新思维来寻找新的解决方案，这一过程能够提高学生的创新能力和适应性。第三，复合化的教学模式有利于培养学生的终身学习能力。在复合化教学中，学生不断接触新的知识和技能，学习如何学习，这有利于学生形成主动探索和自主学习的习惯。这种终身学习的能力对于适应知识更新的速度和社会发展的需求至关重要。第四，复合化的教学模式能够促进学科间的交流和合作。在这种模式下，教师和学生需要跨越学科边界，进行协作和交流，这不仅有助于知识的整合和创新，还能够建立起更加开放和包容的学习社区。

　　在实施复合化教学模式时，教育者需要充分考虑课程内容的整合和教学方法的创新。教育者应当设计符合跨学科要求的课程体系，采用项目驱动、问题导向等教学方法，鼓励学生主动探索和跨领域学习。同时，教育评估应当适应复合化教学的特点，不仅评价学生在单一学科上的成绩，还应评价其综合素质和跨领域技能。

五、个性化

随着教育心理学和认知科学的发展,人们对因学生个体差异而给教学带来的影响的理解日渐深入,对教育多样性的需求逐渐增长,个性化教学模式由此兴起。当今社会,学生的个性越发鲜明,传统的"一刀切"教学模式已难以满足每个学生的独特需求,他们需要更加灵活的学习路径和差异化的教学策略,来满足个人成长和学习的需要。对于教育者而言,只有基于对学生的认知风格、情感态度、知识背景和学习动机等方面更深入的了解,才能制定出更加符合学生、吸引学生的教学模式,从而提高教学效果和人才培养质量。个性化教学模式强调将教学内容、方法和进度调整到适合学生的最佳状态,以促进其实现最优的学习效果。它的优势显而易见。首先,它能够提高学习效率和质量。通过为每个学生制订符合其兴趣和能力的学习计划,个性化教学可以激发学生的学习动机,使学生在适宜的环境中学习,从而提高学习的效率和成效。其次,个性化教学模式有助于培养学生的自主学习能力和终身学习的习惯。在个性化的学习环境中,学生被鼓励根据自己的学习进度和兴趣进行探索和研究。这不仅促进了学生的主动学习,还有助于学生形成自我驱动的学习模式,为终身学习打下基础。最后,个性化教学模式可以促进教育公平。在传统的教学模式中,教育资源往往更倾向平均分配,而不是根据学生的具体需求进行调整。个性化教学通过为每个学生提供适合其需求的资源和支持,有助于缩小学生之间的差距,确保每个学生都能获得适合自己发展的教育机会。在实施个性化教学模式时,教育技术的应用起到了关键作用。利用大数据分析、人工智能等先进技术,可以精准捕捉学生的学习行为和成果,为其提供定制化的学习资源和反馈。同时,数字化学习平台和在线教育资源为个性化学习提供了丰富的内容和灵活的学习方式。

第三章 跨文化背景下高校英语教学思维与教学模式创新

第一节 跨文化教学概述

跨文化交流是指涉及多个文化背景的人们之间进行交流和互动，即个体或群体通过直接或间接的方式与其他文化背景的人们进行交流和互动，旨在信息的沟通和交流，建立和谐的跨文化关系，促进相互理解和尊重。它不仅关注不同文化之间的比较和差异，还强调如何在多元文化的环境中实现有效的沟通和协作。在经济全球化发展的当今世界，跨文化交流变得尤为重要，影响着国际关系、商业活动、教育交流、社会整合等多个方面。

跨文化交流的成功与否在很大程度上取决于跨文化交际者的跨文化敏感性和适应性。跨文化敏感性是指个体对不同文化差异的认识和理解能力，以及对这些差异的尊重和接纳态度；跨文化适应性则涉及个体在面对文化差异时，能够灵活调整自己的行为和沟通方式，以适应不同文化环境的能力，包括语言适应、行为习惯调整以及解读和理解不同文化背景下的非语言信号等。良好的跨文化能力能够促进国际理解与合作，减少文化冲突和隔阂。在经济全球化背景下，人们越来越多地处于多元文化的环境中，不同文化之间的交流和融合变得日益频繁。因此，培养跨文化交流能力不仅是个体适应国际化生活的需要，也是维护国际和平

第三章 跨文化背景下高校英语教学思维与教学模式创新

与促进全球合作的关键举措。

一、跨文化教学的内容

在英语跨文化教学中，文化导入不仅是一个理论概念，而且是一种实践活动，它涉及深层文化和表层文化两个层面。深层文化关注根深蒂固的思维模式、历史背景和传统观念，这些是形成特定民族精神文明和思维方式的基础。深层文化的特点是本质性和抽象性，隐含在人们的行为和交流中，不易直接观察。表层文化则更为显著和具体，包括语言表达中的语构文化、语用文化和语义文化等，直接反映了个体和社会的语言多样性和交流方式。深层文化为表层文化提供了根本的支持和指导，帮助构建交流的基本规范和准则。具体而言，跨文化教学的内容可以分为以下几个方面，如图3-1所示。

图3-1 跨文化教学的内容

（一）语构文化

语构文化是指通过语言的结构组成——包括字、词、句、语段和篇章——来反映和传递特定民族或文化群体的文化特征和价值观的现象。这一概念认为，语言不仅仅是交流信息的工具，也是文化传承和表达的载体。语构文化的研究帮助人们理解不同文化背景下人们的交流方式、思维习惯和价值观念，并指导人们在跨文化交流和教学中更有效地使用语言。分析和比较不同语言的结构特点可以深入探究其背后的文化差异和社会意义。

不同的国家、地区、民族和种族因历史、地理、社会环境以及生活习惯的不同，形成了各自独特的语言表达形式和思维模式。这些差异不仅体现在语言的表面结构上，还渗透语言的深层文化内涵中。跨文化教学中的语构文化则是理解和传播语言背后深层文化含义的关键。语构文化的研究不限于语言表面的比较，还应深入探讨不同语言背后的文化价值观、社会习俗和思维方式。语言是文化的载体，通过字、词、句的使用和排列，反映了一个民族的历史传承、价值观念和世界观。在跨文化交流和教学中，理解语构文化的深层含义有助于促进语言的准确理解和有效沟通，有助于学生更好地融入目标语言的文化环境，为其以后进行跨文化交流和国际合作奠定文化基础。

（二）语义文化

语义文化指的是语言构成元素所固有的内部意义及其所关联和反映的民族文化背景和文化意义。在所有语言结构中，词语是语言的基本构成单元，因此这里以词语为核心进行分析。词义是词语的核心属性，并且是一个涉及语言、文化和思维方式的复杂概念。词语的意义不仅包括字面上的定义，还涉及与文化交际紧密相关的广泛内容，如内涵、语法和上下文等，更为重要的是，词义蕴含丰富的特定文化背景，构成了词语的"文化伴随意义"，这种意义从文化中派生出来，与特定地区的环境、历史、信仰和社会结构紧密相关，是特定文化元素在长期的社会实践和历史沉淀中逐渐形成的。因此，语义文化不仅是语言学的一个分支，还深深植根人类社会和文化的深层结构中，是社会学、人类学的一个分支。对语言学习者而言，很多文化具有的特定含义难以从字面上直接获得，有些甚至只能通过实际体验来感知。特定的地域环境下形成的民族思维方式和习惯，例如，中文中的"家"这个词，其基本含义指的是居住的场所，但在中国文化中，它还蕴含着家庭成员间的亲情、责任、和谐以及传统美德等深层意义。在中国文化中，家被视为一个重要的社会单位，强调的是家庭成员之间的紧密联系和对家庭的责任感。因此，对于非华人语言学习者而言，要完全理解"家"这个词的丰富内涵，仅通过字典的解释远远不够，需要深入了解和体验中国文化，才能充分把握其深层次的文化含义。

（三）语用文化

跨文化教学中的语用文化关注的是语言使用在不同文化背景下的适应性和规范性。它不仅涉及语言的文字和语法结构，还包括语言在实际交际中的运用，以及这种运用背后的文化规约和潜在观念。语用文化的核心在于在理解和应用语言的同时，认识到语言使用如何受到民族文化特性和社会习俗的影响。语用文化的内涵体现在语言使用的差异性上，这种差异性不仅体现在语言表达的内容上，还体现在交际方式、沟通风格、语境理解等方面。例如，某些直接和坦率的交流方式在一些文化中是普遍和可接受的，而在其他文化中则可能被视为粗鲁或不敬。因此，在跨文化教学中，理解和应对这些差异至关重要。语用文化的挑战在语言教学中尤为明显。教师和学习者需要意识到，语言不仅仅是词汇和语法的堆砌，还包括语用的多样性和文化的复杂性。例如，在英语教学中，语用错误经常发生，这些错误分为两大类：一类是纯粹基于语言结构和用法的错误；另一类则是基于文化理解和应用的失误。后者更为复杂，因为它涉及对话双方的文化背景和预期。这类错误通常发生在对跨文化差异缺乏了解或对话中缺少语用敏感性的情况下。为了有效应对这些困境，跨文化教学需要强调语用文化的重要性，通过增强教师和学习者的文化意识和语用能力来优化教学，包括教授学习者如何在不同的文化场合中正确使用语言、理解不同文化背景下的交际习惯和规则，以及如何在实际交际中灵活应用这些知识以达到有效沟通，等等。这样，跨文化教学不仅能够提升学习者的语言技能，还能够培养学习者的跨文化交际能力，促进不同文化背景下的人们之间的理解和尊重。

(四)语体文化

语体文化指的是不同的语言表达方式和语言变体形式。它涉及语言内容如何根据交际场合、对象和目的的不同而采取不同的表达风格。掌握语体转换是跨文化交际的关键环节,因为它关乎如何根据不同的社交环境和交际对象选择合适的语言风格和表达方式。语体文化体现在多个方面,包括正式与非正式语体的使用、书面语与口语的差异,以及专业语言与日常用语的区分等。例如,在商务会议中使用正式语体,而在与朋友交谈时使用非正式语体。书面语往往比口语更加规范和严谨,而口语则更加自然和流畅。专业语言包含特定领域的术语和概念,而日常用语则更加广泛和通俗。语体文化的重要性体现在其对有效交际的影响上。若不能适时适地地调整语体,就可能导致交际的不畅和误解。例如,在一个正式的学术报告中使用过于随意的语体可能显得不够专业,而在非正式的社交场合中使用过于正式的语体则可能显得生硬和不易亲近。非语言交际,又称副语言文化交际,在跨文化交际中同样重要。它包括社交礼仪、肢体语言(如眼神、手势)、面部表情等,这些非语言元素在交际中起着至关重要的作用。非语言交际帮助传达情感、强化或替代口头信息,并在不同文化中扮演着独特角色。总之,语体文化是理解和运用语言的关键方面,它影响着人们如何根据不同的社交环境选择恰当的语言表达和行为方式。在跨文化交际中,适当的语体使用和对非语言交际元素的理解至关重要,因为它们共同促成了有效的沟通和文化交流。缺乏对语体文化和非语言交际的恰当理解和应用可能导致交际障碍和文化误解,进而影响个人和集体在跨文化环境中的互动效果。

(五)行为文化

行为文化反映了语言特征和民族文化如何在语言行为和非语言行为中体现出来。它揭示了个体和群体在不同文化背景下的行为模式和互动方式。细分来看,行为文化包括日常行为文化、行为习俗文化和礼仪文化等多个方面。日常行为文化主要涉及人们日常生活中的行为规范，如居住环境、社交互动、通信方式、交通习惯、饮食特征、宴请礼节、聚会习惯等。例如，在西方文化中，握手和拥抱是常见的问候方式，而在日本文化中，鞠躬则是更为传统和常见的问候方式。行为习俗文化主要涉及特定社会和文化背景下形成的传统习俗、文娱活动等。礼仪文化主要涉及在特定社交场合中应遵循的行为规范和礼节，这些礼节在不同文化中可能有着根本的差异。行为文化在跨文化交际中扮演着关键角色。不同的民族文化背景影响着人们的语言和非语言交际行为，而理解这些文化背景是避免跨文化交际误解和冲突的关键。当交际双方来自不同的文化背景时，对行为文化的不了解可能导致行为偏差，甚至出现交际事故。因此，在跨文化交流中，正确理解和尊重对方的行为文化至关重要，有助于建立有效的沟通渠道，促进相互理解和尊重，避免文化误解和冲突。

二、跨文化教学的原则

在经济全球化发展的背景下，跨文化教学成了语言教育领域的重要组成部分，其目的在于培养学生的跨文化交际能力和全球视野。要实现这一目标，教学过程中的文化导入不应是随意或孤立的行为，而是应遵循一定原则，以确保教学活动的有效性和实用性。跨文化教学中有以下几个至关重要的原则：文化导入原则、实用性原则、系统性原则、交际性原则、适度性原则和整合性原则，如图3-2所示。这些原则不仅指导着教师如何有效地融入文化内容，还能确保文化教学与语言教学的紧密结合，促进学生在实际交际中的文化理解和应用。深入讨论这些原则，可以揭示如何在教学设计和实施过程中综合考虑文化因素，从而提升教学质量，帮助学生在跨文化交流中更加自如和有效。

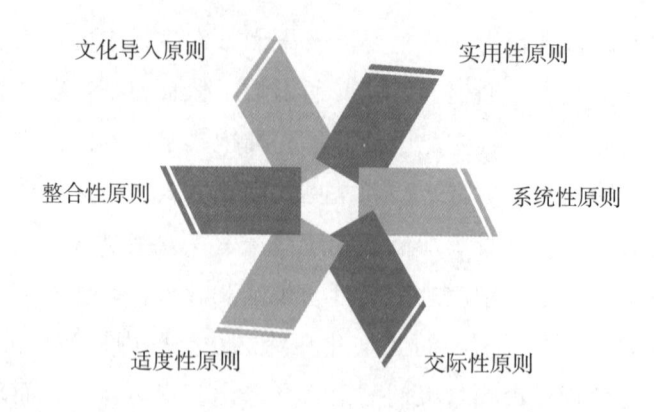

图 3-2　跨文化教学的原则

（一）文化导入原则

跨文化教学的文化导入原则强调在教学过程中有意识地融合目标语言文化，这一原则认为理解和掌握目标语言的文化背景对于语言学习至关重要。通过文化导入，教学不仅包括语言技能的传授，还包括文化知识和跨文化交际能力的培养，使学习者能够更全面地理解语言的深层含义和文化内涵。文化导入能够增强语言学习的实际应用性和文化敏感性。语言不是孤立存在的，它是文化的一部分，承载着丰富的文化信息和社会价值。因此，学习语言时了解其文化背景可以帮助学生更准确地把握语言的用法和含义，提高语言的实际运用能力。例如，通过学习英语国家的节日习俗、社交礼仪和工作文化，学生可以更自然地融入英语环境，有效地与英语母语者交流。此外，文化导入有助于促进跨文化理解和尊重，减少文化误解和冲突。在经济全球化背景下，跨文化交际能力变得日益重要。学生通过学习不同的文化习俗和价值观，能够建立起跨文化的敏感性和适应性，这对于他们未来在多元文化背景下生活和工作极其有益。在实施文化导入时，教师应当选择涵盖广泛文化内容的教材，使用多种教学方法来传授文化知识，如实际案例分析、文化体验活动、互动讨论等，以增强学生的文化学习经验。同时，教师应当鼓励学生批判性地思考和反省不同文化之间的差异和联系，以培养他们的全球视野和文化适应能力。

通过文化导入，语言教学可以变得更加生动和有效，学生不仅学习了语言，还理解和欣赏了与之相关的文化，这为他们在经济全球化世界中的互动和发展奠定了坚实基础。因此，文化导入不仅是语言教学的重要组成部分，还是培养当代学生成为全球公民的关键途径。

（二）实用性原则

跨文化教学的实用性原则强调将教学内容与学生的实际需要和未来职业发展紧密联系起来。这一原则的核心在于教授的文化知识不仅要与学生正在学习的语言内容紧密相关，还要与他们的日常生活交往和未来的职业路径产生直接联系。这种方法有助于确保文化教学不仅是学术上的理论探讨，还是一种实用的、生活化的教学过程，能够激发学生的学习兴趣，增强他们的文化理解能力，提高他们的语言应用能力。

首先，实用性原则强调教学内容的针对性。这意味着教学活动应当根据学生的学习目标和未来的职业发展需求进行设计。例如，将来学生可能从事国际贸易工作，那么教师在教学过程中就应当重点介绍与国际贸易相关的文化知识，如商务礼仪、谈判技巧和跨文化交流策略等。这种针对性的教学不仅能增强学生的职业竞争力，还能帮助他们在经济全球化的环境中更有效地进行跨文化交流。其次，实用性原则意味着教学内容需要与学生的生活实际紧密结合。在设计课程时，教师应当考虑到学生的生活背景、兴趣爱好以及他们在日常生活中常遇到的文化场景，以确保所教授的文化知识能够为学生解决实际问题提供帮助。例如，教师在教授英语时，可以结合当地的文化习俗、节日庆典或者学生熟悉的流行文化元素，让学生在学习语言的同时，能深入了解和体验相关文化。最后，实用性原则要求将语言学习与文化理解相结合。语言不仅仅是交流的工具，也是文化的载体。因此，有效的跨文化教学应当将语言技能的培养与文化素养的提升有机结合起来。通过学习语言中的成语、俚语、谚语等，学生可以更深入地理解文化背景和社会习俗，从而在跨文化交流中更加得心应手。

在经济全球化背景下，对大学生的教育越来越强调综合能力的培养，其中跨文化交际能力尤为重要。实用性原则的跨文化教学能够帮助学生建立起实用的语言技能和深厚的文化理解，这不仅有利于他们的个人成长，还为他们将来在国际舞台上的职业发展奠定了坚实基础。通过这种方式，学生能够更好地适应经济全球化带来的挑战，成为具有国际视野和跨文化交际能力的复合型人才。

（三）系统性原则

跨文化教学的系统性原则强调文化是一个多维度、动态互联的整体，它不仅包含了表层的符号和行为，还包含了深层的价值观、思维模式和历史背景。这一原则要求教育者在教学中综合考虑文化的各个组成部分，以及这些部分如何相互作用和构成一个有机整体。在实施跨文化教学时，教师应该采用宏观和微观相结合的视角。在宏观层面上，教师应该介绍文化的整体框架，包括其历史发展、社会结构和核心价值观等，使学生能够在更大背景下理解特定的文化现象。在微观层面上，教师需要关注和讲解文化的具体表现，如日常生活习惯、语言用法、艺术形式和节日庆典等，这有助于学生具体感知和体验文化的多样性和特点。此外，跨文化教学应该鼓励学生主动参与和体验不同文化。通过实地考察、文化交流活动、互动式学习等方法，学生可以直接接触不同文化的实际情况，这不仅增加了学习的趣味性和实用性，还促使学生在实践中深化了对文化多样性和复杂性的理解。在理解文化的系统性原则的基础上，教师应当设计教学内容和方法，以促进学生的批判性思维和跨文化交际能力的发展。通过对比分析不同文化之间的异同，讨论文化差异产生的原因和影响，学生可以培养出更加敏锐和全面的文化洞察力，从而在经济全球化的环境中更加自信和有效地进行跨文化互动和沟通。

第三章 跨文化背景下高校英语教学思维与教学模式创新

（四）交际性原则

跨文化教学的交际性原则强调了学习语言的目的是实现有效的跨文化交际，这不只涉及语言的语法和词汇知识，更重要的是理解和应用与语言相连的文化知识。这一原则是基于在跨文化交际过程中，不同的文化背景可能导致理解和沟通的障碍，因此要求在语言教学中融入丰富的文化内容，帮助学生建立跨文化交际的意识和能力。在跨文化交际实践中，人们往往会自然地将自己的文化背景、价值观和思维方式带入交流，这种情况在使用非母语进行交际时尤为明显。例如，在学习英语过程中，学习者可能无意识地将自己的母语文化习惯应用到英语交际中，从而引发误解或冲突。为了克服这一挑战，跨文化教学需要重视文化知识的学习，使学生能够理解和尊重不同文化的交际习惯和规范，从而在交流中更加得体。跨文化教学的交际性原则要求教师不仅传授语言知识，还深入介绍相关文化背景，包括历史、风俗、社会习惯等，以及这些文化元素如何影响交际方式和内容。通过这样的教学，学生可以更全面地理解语言的文化内涵，提高在实际交际中的适应性和灵活性。实施这一原则的有效途径之一是通过情境模拟、角色扮演和实际交流活动，让学生有机会在实践中应用所学的语言和文化知识。通过这些互动式学习活动，学生不仅能够在安全的学习环境中尝试和犯错，还能够从实践中积累经验，逐步建立起自信和跨文化交际的技能。此外，教师应鼓励学生批判性地思考文化差异，并教导他们如何在保持自身文化身份的同时，理解和适应目标语文化的交际规则，包括学会如何识别和解决文化冲突、如何在不同的文化环境中寻找共同点和桥梁，以及如何运用文化知识来促进理解和和谐交流。此外，跨文化教学的交际性原则也强调了跨文化能力的重要性，这不仅涉及语言技能的掌握，还包括对不同文化背景下的交际方式的理解和适应。为了培养学生的跨文化能力，教师需要设计和实施一系列教学活动，如跨文化工作坊、国际交流项目、文化研究课题等，这些活动可以帮助学生在真实或模拟的跨文化环境中进行学习和实践。跨文化教学的交际性原则要求持续的反思和评估。教师和学生都应该定期反思跨文化交际过程中的经验和挑战，评估交际策略的有效性，并根据反馈调整学习和教学方法。这种持续的反思和改进过程有助于不断提高跨文化交际的质量和效果，使学生能够在多元文化的全球环境中更加自信和有效地进行沟通。

（五）适度性原则

跨文化教学的适度性原则强调在教学中恰当平衡文化内容的深度和广度，同时兼顾语言学习的需求。这一原则要求教师精心选择教学内容，确保文化教学既全面，又重点突出，同时与语言教学相辅相成。首先，文化教学应当注重主流文化和共时文化的介绍，确保学生能够理解和掌握与目标语言国家当前社会生活、价值观念和交际习惯密切相关的文化知识。同时，适当引入历史文化内容有助于学生深入理解现代文化现象的根源和发展，从而在跨文化交流中更加得体和有效。教师应当根据学生的学习背景和兴趣，灵活选择合适的文化材料和案例，以促进学生的积极参与和深入理解。其次，跨文化教学不应局限于传授文化知识，还应关注语言能力的培养。这意味着教师需要在文化内容的传授和语言技能的训练之间找到平衡点，确保两者相辅相成，共同促进学生语言和文化能力的发展。例如，讨论文化主题、分析跨文化案例或模拟跨文化交流场景可以有效地将语言学习和文化理解结合起来，从而提高学生的语言运用能力和文化敏感性。再次，教学方法的适度性要求教师在授课和指导学生自主学习之间找到合适的比例。教师应当在课堂上提供核心的文化知识和交际技能训练，同时鼓励和引导学生通过课外阅读、研究项目和文化实践活动等方式，自主拓宽文化视野和提高语言应用能力。这种教学模式有利于学生构建主动学习的态度，培养独立探索和深入理解跨文化现象的能力。最后，适度性原则强调教师在教学过程中灵活应对，根据学生的学习进展和反馈调整教学策略和内容，包括适时地增加或减少文化和语言内容的难度、引入新的教学材料和方法、采取不同的互动方式，以满足学生不同的学习需求和兴趣。

第三章　跨文化背景下高校英语教学思维与教学模式创新

（六）整合性原则

整合性原则在跨文化教学中扮演着至关重要的角色，它要求教师在教授英语文化时不仅考虑语言学习本身，还应结合学生在其他学科中的知识和经验来开展教学。这种方法有助于建立跨学科的连接，促进学生综合素质的提升，并增强他们对文化知识的理解和应用能力。实施整合性原则意味着教师需要设计教学内容和活动，将英语文化教学与管理学、市场营销学、历史、社会学、艺术等学科相互融合。例如，教师在讲解英语国家的商业文化时，可以结合管理学和市场营销学的理论和实践，让学生理解不同文化背景下的商业行为和策略。通过这样的跨学科学习，学生不仅能够加深对英语文化的理解，还能够将其应用于实际的商业和社会环境。此外，教师应保持英语教学的开放性和灵活性，鼓励学生探索和发现英语学科与其他学科之间的联系。这可以通过设计跨学科项目、小组讨论、研究报告等方式实现，从而帮助学生建立更加广阔和深入的学术视野，并促进批判性思维和创新能力的发展。在多媒体技术的支持下，整合性原则的实施变得更加高效和多元化。多媒体技术的应用可以极大丰富教学资源和手段，使教学活动更加生动和互动。教师可以利用视频、音频等多媒体工具，展示文化实物、电影片段、历史记录、音乐作品等，提供多角度、多感官的学习体验。这种多样化的教学手段不仅能够增强学生的学习兴趣，还能够帮助他们更全面和深入地理解文化内容。通过多媒体技术，教师还可以连接全球资源，为学生提供真实的跨文化交流和学习机会。例如，可以通过在线平台组织国际交流项目，让学生与不同文化背景的人进行直接对话和互动，从而在实践中深化对跨文化差异和相似性的理解。

第二节 跨文化背景下高校英语教学思维构建

在跨文化背景下，英语教学不仅是语言知识的传递过程，还是一种文化沟通和思维构建的活动。面对全球化的教育需求，英语教学的思维构建需要经历从语言教学到文化沟通的思维转换、从单一文化到多元文化的视角转变、从知识传授到能力培养的升华，以及从静态知识到动态实践的思维转换，如图3-3所示。本节内容将深入探讨这些思维转化与构建过程，阐述它们在促进跨文化交流和英语教学创新中的重要性。

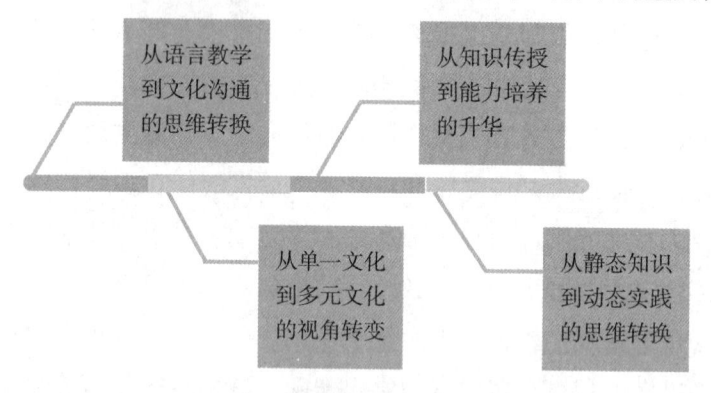

图 3-3 跨文化背景下英语教学思维构建

一、从语言教学到文化沟通的思维转换

从语言教学到文化沟通的思维转换要求教师重新认识语言的本质。首先，语言不仅仅是用于表达思想和信息的符号系统，更是文化传承和交流的媒介。每种语言都是其背后文化的体现，蕴含着该文化的世界观、价值观、思维方式和社会习俗。因此，从语言教学到文化沟通的思维转换意味着教师需要将语言学习与文化理解和沟通能力的培养紧密结合，认识到学习语言就是了解使用该语言的人们及其文化，并将这种观念传递给学生。其次，这种转换要求教师和学生认识到文化在语言交际中的

作用。语言交际不仅仅是词汇和语法的运用,更重要的是理解和适应不同文化背景下的交际规则和习惯。这种理解超越了语言的表层结构,触及语言使用背后的文化心理和社会行为模式。因此,从语言教学到文化沟通的思维转换要求教师和学生深化对语言作为文化实践的理解,认识到语言交际中的文化维度,如语境、隐喻、身份认同和权力关系等。最后,从语言教学到文化沟通的思维转换还意味着对教育目标和成果的重新定义。在传统的语言教学中,教育的成功往往被量化为语言技能的掌握程度,如语法正确、词汇量大等。而在文化沟通的视角下,教育的成功更多体现在学生是否能够在跨文化背景中有效沟通和行动、是否能够展现出文化敏感性和适应性。这种成功不只体现在语言的准确和流利,更体现为对跨文化差异的理解和尊重,以及在多元文化环境中建立有效交流和共融的能力。

二、从单一文化到多元文化的视角转变

从单一文化到多元文化的视角转变要求教师扩展对文化多样性的认知和理解。首先,这种转换意味着教师需要从局限于一种文化的视角扩展到包容和理解多种文化的视角。在单一文化视角下,教师倾向从自身文化的标准和习惯来评价和理解其他文化,这往往导致文化中心主义的偏见和误解。多元文化视角则鼓励教师认识到文化的独特性和价值,以及不同文化间的差异和文化的多样性是人类社会的一大财富,需要被尊重和珍视。其次,这种思维层面的转换促使教师重新评估文化的相对性和构建性。文化不是固定不变的,而是在特定历史和社会背景下不断发展变化的。多元文化视角要求教师认识到文化的动态性和多维性,理解文化身份由多重因素构成,包括语言、历史、地理、经济、政治等多个维度。这有助于教师深入地理解文化交融和变迁的过程,以及不同文化因素如何在经济全球化背景下相互作用。再次,从单一文化到多元文化的视角转变增强了教师对跨文化互动复杂性的认识。在经济全球化时代,跨文化接触和交流日益频繁,不同文化背景的人们需要共同生活和工作。

有效的跨文化交流不仅需要语言能力，还需要对不同文化的深刻理解和文化敏感性。这种深刻理解和敏感性能够帮助人们更好地解读文化差异，避免文化偏见和冲突，促进不同文化背景下的人们建立更加和谐的关系。最后，从单一文化到多元文化的视角转变对于培养全球公民意识具有重要意义。在这个多元且相互依赖的世界中，个体和社会需要具备全球视野和文化包容性，以应对全球性的挑战和机遇。多元文化视角强调了开放性、包容性和全球合作的重要性，促使人们在思维上建立一种超越国界和文化界限的意识。

三、从知识传授到能力培养的升华

在跨文化教学领域，从知识传授向能力培养的升华不仅涉及教育的内容更新，还体现为对教育目标和过程的根本重新定位，尤其强调在经济全球化背景下，个体跨文化能力的培育比单纯知识的积累更为关键。这种思维的转变也标志着教学理念和实践的深刻变革。

在知识传授的传统教学模式中，教师通常扮演信息的传递者，而学生则是被动接受知识的对象。这种模式强调事实的记忆和理论的理解，而对知识的应用和实践能力的培养关注不足。在这一模式下，跨文化教学可能仅限于介绍不同国家的历史、习俗和文化特点，而忽视了如何将这些知识转化为跨文化交际、解决问题和适应多元文化环境的实际能力。思维的转换要求教师重新审视教育的目的，将重点从知识的传递转移到能力的培养上。在这一转变中，跨文化教学的目标应从简单的文化知识传授扩展到培养学生在多元文化背景下有效交流、适应和创新的能力。教师需要关注如何帮助学生建立跨文化理解，发展全球视野，并且能在不同文化间进行有效的沟通和互动。教师还要具备跨文化教学的深度理解和实践经验，能够设计和实施促进学生跨文化能力发展的教学活动。同时，教师应具备引导学生进行深层次文化探索和反思的能力，帮助学生构建跨文化理解的深度视角。

对学生而言，这种思维上的转换意味着他们需要从被动的知识接收者转变为主动的能力发展者，去积极主动地探索、体验和反思不同文化之间的交流和互动，在理论上明白不同文化之间的差异，以此培养自己的跨文化敏感性和适应性。此外，这种能力的培养不限于理论学习，更重要的是学生通过积极参与实践活动、交流经验和个人反思来加深对于语言层面和文化层面的理论理解，这种思维的转换要求学生在学习过程中主动将学到的理论知识应用于实践，不断进行自我反思，不断提升自己的跨文化交际能力。这种能力的培养是一个动态的、持续的过程，需要学生长期反复地进行培养和锻炼，在此期间，教师则需要进行适当干预，示范和引导学生形成良好的跨文化能力。

四、从静态知识到动态实践的思维转换

在跨文化教学中，从静态知识到动态实践的思维转换要求教师和学生共同迈向更加具有主动性、互动性和实践性的教学和学习模式。这种转换不仅是教育内容的变革，还是教育观念和方法的变革，强调在实际的跨文化互动中应用和发展知识。具体而言，在这一转换过程中，教师需要将教学重心从简单的知识传递转移到实践能力的培养上。这要求教师不仅传授有关文化的知识，还应设计活动来让学生参与实际跨文化交流和解决问题。教师需要利用案例分析、角色扮演、模拟交流等方法，让学生在模拟的或真实的跨文化场景中学习和实践，从而加深他们对跨文化互动的理解，提高他们的跨文化交流能力。除了课堂上的实践活动，教师也可以组织和安排课堂外的文化体验与教学活动。例如，参加涉及不同文化背景人群的志愿服务项目，如果条件允许，可进行国际旅行或参加学校组织的海外学习项目，亲身体验不同国家和地区的文化，这种直接的文化沉浸体验会加深学生对不同文化的理解。在这种思维转换中，学生需要从静态的知识学习者转变为动态的实践参与者。这意味着他们需要在实践中学习和应用跨文化知识，通过实际的跨文化交流和问题解决过程，提升自己的跨文化适应能力和沟通技巧。学生应积极寻求参与跨文化项目、国际交流、工作坊等活动，以在实践中促进个人跨文化能力的发展。

第三节　跨文化背景下高校英语教学模式创新探索

一、"4+2+1"模式

2012年，学者任丽提出了"4+2+1"的大学英语文化教学模式[①]，如图 3-4 所示。

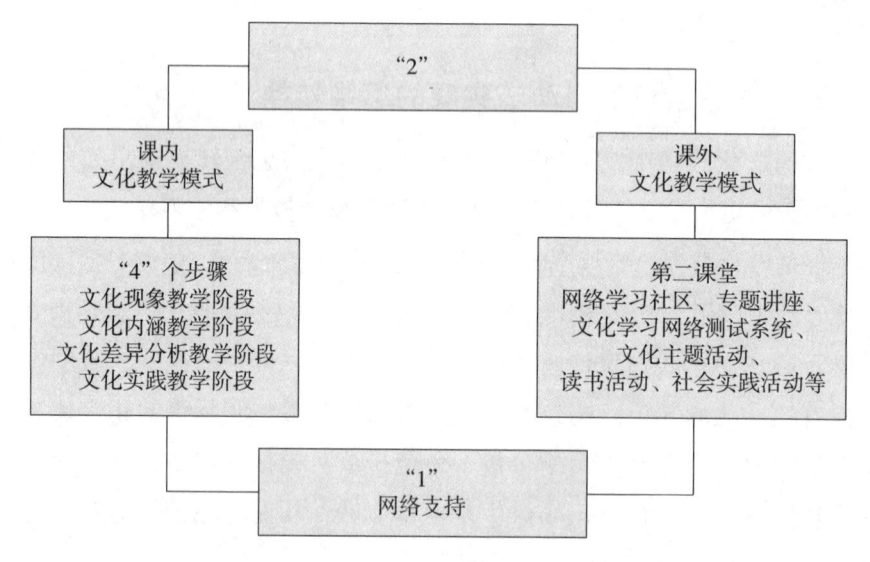

图 3-4　"4+2+1"大学英语文化教学模式

具体而言，"4"是指课内文化教学的四个步骤，分别是文化现象教学、文化内涵教学、文化差异分析教学、文化实践教学。

第一，文化现象教学阶段被视为跨文化能力发展的起点，主要关注引发学生对不同文化之间表面差异的质疑和觉察。在此阶段，学生遇到的文化差异通常最直观和具体，例如面部表情、服装风格以及礼仪习惯等方面的不同。为了有效地进行文化现象教学，教师应当选取与学生本

[①] 任丽.构建"4+2+1"大学英语文化教学模式的探索[J].中国外语,2012(4)：71-76+81.

第三章 跨文化背景下高校英语教学思维与教学模式创新

土文化对比差异显著的内容作为教学重点。例如，在饮食文化教学中，可以探讨不同地区餐馆的运营模式、餐桌礼仪的差异和支付小费的习惯等；在社交文化教学中，可以讨论各种社交场合中的称赞、道歉和交友方式的差别，等等。此外，非语言交际的教学不应被忽视，包括手势语言、面部表情以及交谈时的身体距离等，这些都是跨文化交流中的重要组成部分。为了使学生更加直观地理解和感受这些文化现象，教师在教学过程中应大量利用网络技术和多媒体教学资源，采用集声音、文字和图像于一体的教学手段，刺激学生的感官，从而提高他们对学习文化内容的兴趣和热情。例如，在讲授饮食文化时，可以展示一段电影中的用餐场景，引导学生观察和讨论其中与本土饮食文化的差异。这样的互动和视觉刺激不仅可以活跃课堂气氛，还可以显著提高学生学习的积极性和参与度。

第二，在文化教学的第二阶段，即文化内涵教学阶段，教学重点转向对不同文化中深层次价值观的理解和分析。学者胡文仲在其著作《跨文化交际面面观》中揭示了理解和接受异国文化价值观的复杂性：虽然人们可以学习外国的语言、习俗和社会规则，但深入理解另一种文化的价值观是更加艰巨的任务。即使长期生活在一个文化环境中，人们也可能无法完全把握该文化的价值观念。因此，文化内涵教学应深入探讨价值观的形成及其对行为的影响，以帮助学生更全面地理解不同文化背景。例如，在教授时间观念时，教师可以解析美国人强烈的时间观念背后的历史和文化因素。通过这种深入的分析，学生不仅能够理解美国人珍视时间的行为，而且能够通过类比思维找出其他文化中时间观念的例证。此外，教师应引导学生进行跨文化比较，如对比日本的严格守时文化和中东国家较为宽松的时间观念，有助于学生从多个角度理解时间观念在不同文化中的表现。通过运用多媒体教学资源，如播放电影《阿甘正传》和《当幸福来敲门》，教师可以有效引导学生探讨和理解影片中反映的价值观，从而加深学生对不同文化深层价值观的认识和理解。这种教学方法不仅能丰富教学内容，还能促进学生批判性思维的发展，帮助他们更全面地理解和接纳不同文化的价值观。

第三，在文化教学的第三阶段，即文化差异分析教学阶段，教学重点是让学生识别并理解不同文化之间的差异和共性。在这一阶段，教育的目的是帮助学生建立对文化差异的正确看法，认识到尊重并理解不同文化的重要性，同时促进文化间的理解和借鉴。为了培养学生分析文化差异的能力，教学方法可以采用案例研究、小组讨论或辩论等互动形式。例如，教师可以使用来自不同文化背景的商务谈判场景的视频资料，以此来展示文化差异如何影响商务沟通和决策过程。学生可以分组探讨视频中呈现的文化差异处理方式，讨论各方是否妥善处理了文化差异以及如何改善或解决由文化差异引起的误解。在这一过程中，教师应充当引导者和协助者的角色，激发学生深入分析的兴趣，引导他们从多个角度审视和解读文化差异。教师可以鼓励学生分享自己的经验和看法，从而使他们能够从个人和集体的视角深入理解文化差异。通过这种教学方法，学生不仅能够在实践中学习如何识别和处理文化差异，还能够发展批判性思维和解决问题的能力。此外，这种教学方式有助于学生建立一种积极的文化交流态度，学会在多元文化的环境中寻求共识和保持差异，最终形成对待本土文化和外国文化的正确态度。

第四，文化实践教学阶段的目的是让学生将理论知识应用于实践，通过模拟真实的文化交流情境来提升跨文化交际能力。在这个阶段，教学活动应设计得既富有挑战性，又能反映真实的文化差异场景，以便学生能够在实践中学习如何应对和解决文化差异所带来的问题。为了实现这一目标，教学方法应侧重互动式和体验式学习。通过角色扮演、情境模拟等教学形式，学生可以在特定的环境中实践和体验文化交流。例如，教师可以设计一个模拟国际会议的活动，让学生扮演来自不同文化背景的代表，这样不仅可以提高学生处理文化差异的实际能力，还可以促进他们对于不同文化行为模式的理解。此外，利用多媒体和其他教学工具创造真实的交际环境，可以使学生更加深入地感受和理解不同文化之间的差异。在模拟活动中，学生可以用自己搜集的资料和信息来再现特定的文化场景，例如，编写并演绎关于国际商务谈判的故事，其中涉及多种文化元素和商业礼节。通过这种方式，学生不仅能够加深对不同文化习俗的认识，还能够在实际交流中锻炼和提升自己的语言能力和文化适应能力。在这个阶段，小组互评和反馈机制也很重要，它可以帮助学生从同伴的表现中学习，并获知改进自己的机会。评价的侧重点可以包括语言的使用、非语言交流的效果、对文化差异的处理以及整体交际能力等。通过这样的实践和反馈，学生能够在理解和应用文化知识方面取得进步，最终实现从感性认知到理性认知的转变。

在英语文化教学中，"2"包含了课内文化教学模式和课外文化教学模式。在课外的文化教学的第二课堂，应通过多种渠道为学生提供学习和实践的机会。在校内可以定期举办文化主题讲座，深入探讨经济全球化背景下的国际热点问题，例如，气候变化、全球经济危机、人工智能伦理等，以此来拓宽学生的国际视野，并深化对不同文化背景下问题的理解。还可以举办各种文化活动，如国际电影展览、文化节日庆典、英语角等，以增强学生的文化体验和实践。此外，推广阅读国际文学作品、观看英语电影等文化沉浸式活动可以帮助学生在享受文化产品的同时，理解和分析不同的文化视角。教师可以推荐当前流行的国际文学作品或影视剧，如《寄生虫》《切尔诺贝利》等，鼓励学生探讨作品中的文化元素和社会背景。课外文化教学应鼓励学生参与社会实践活动，如志愿服务、国际交流项目，或参与国际会议和研讨会，以实地体验和处理文化差异。例如，在国际学术会议或文化交流项目中，学生可以担任志愿者或代表，与来自不同文化背景的人士互动，从而实践跨文化交际技巧，增强全球竞争力和文化适应能力。通过这些多元化的第二课堂活动，学生能够在实际环境中深化对不同文化的理解和尊重。

"1"是指利用网络进行英语文化教学，这可以极大丰富学生的学习资源和体验。第一，建立一个以班级为单位的网络学习社区，这里不仅可以提供资料共享区供教师和学生上传和更新文化学习资料，而且可以创建多种文化背景的虚拟环境。在这些虚拟环境中，学生可以模拟进入不同的文化场景，如国际机场、外国城市街景或者特定的文化节日庆典，以此来实践和体验文化差异，从而增强处理这些差异的能力。此外，学习社区应该包含在线互动工具，如讨论板或聊天室，使学生能够在遇到文化学习问题时及时与同学交流或向教师寻求帮助。此外，学习社区内还可以设立一个视频展播区，包括各种文化主题的视频资料，如纪录片、文化讲座、国际新闻等，让学生在轻松的环境中了解和体验世界各地的文化，进而在日常生活中增强文化意识。第二，开发一个专门的文化学习网络测试系统，以帮助学生检验和巩固他们的文化知识。这个测试系统应当涵盖文化知识、文化意识、文化态度和文化行为等方面，可以根据学生学习的不同主题提供相应测试。通过在线测试，学生不仅可以复习和加深对学过内容的理解，还可以准确评估自己的文化知识掌握情况和学习进展。这种方法有助于学生在学习过程中不断自我完善和提高，从而更好地适应多元文化的国际环境。

从整体上看，"4+2+1"跨文化英语教学模式是一种综合且层次分明的教学策略，课内教学的4个步骤和阶段由浅入深、由表及里，有助于学生逐步构建和深化对不同文化的理解。每个阶段都紧密关联，确保学生能够在理论学习后有机会实践和体验文化差异，从而更全面地掌握跨文化交际的技能。"2"包含了课内和课外两类活动，不仅为学生提供了灵活多样的学习方式，还通过多渠道的文化接触，强化了学生的文化意识和实践能力。"1"即网络支持，为学生提供了广泛的资源和平台，帮助他们获取更多跨文化资源，网络支持隐含的也是对学生个人自主学习能力的培养。因此，"4+2+1"模式结合了课内外学习和理论实践相结合的方法，它不仅注重知识的传授和技能的培养，还注重学生主观能动性的发展和个人能力的提升，符合现代教育对全人教育的要求，可以有效培养学生的跨文化交际能力和文化素养，是一种创新的跨文化教学模式。

二、结构模式和实践模式

(一)结构模式

学者孔德亮、栾述文在强调和突出跨文化教学实践为导向的基础上,提出了结构模式和实践模式①,其中结构模式如图3-5所示。

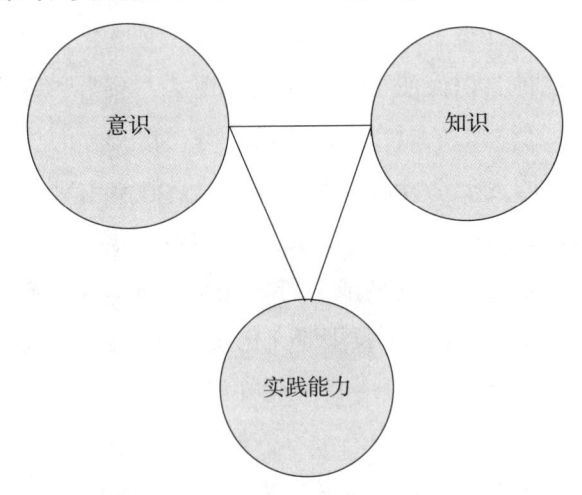

图 3-5 跨文化教学结构模式

结构模式认为,跨文化能力由意识、知识和实践能力三个维度组成,形成一个综合性的结构框架。这三个维度互为支撑,共同促进跨文化交际能力的发展。

三者中,意识层面是构成跨文化交际能力的基石,为跨文化交际能力的发展奠定了心理和认知基础,包括跨文化意识、文化相对意识和现实关注意识三方面内容。跨文化意识是指学生对不同文化因素的认识和敏感性,包括对本国文化的深刻认识、理解、尊重以及对外国文化特征的认识和对文化差异的敏感性。通过培养跨文化意识,学生能够更加自觉地识别和理解不同文化间的交流和互动模式,为有效的跨文化交际打

---

① 孔德亮,栾述文.大学英语跨文化教学的模式构建:研究现状与理论思考[J].外语界,2012(2):17-26.

下基础。文化相对意识要求学生超越民族中心主义，摒弃文化优越感，认识到文化之间不存在绝对的优劣之分，每种文化都有其独特的价值和意义。这种意识有助于消除文化偏见，促进文化间的理解和尊重。具备文化相对意识是建立健全跨文化交际能力的重要前提，它使学生能够在文化交流中保持开放和客观的态度，是形成正确的跨文化交际观念的前提。现实关注意识强调将跨文化学习和实践融入日常生活，鼓励学生积极参与不同的文化环境，通过实际体验来深化对文化差异的理解，学习应对的策略。这种意识促使学生关注文化现实，探索和体验多元文化生活的丰富性和复杂性，从而在实践中增强跨文化交际的技能和应对的灵活性。意识层面的这三部分内容互为补充，强调学生对不同文化及其差异的感知和认识，以及学生在跨文化交际中对自身文化和目标文化差异的敏感性和认识能力，共同构成了跨文化交际能力的心理和认知基础，从而为学生学习跨文化知识和发展跨文化实践能力创造了条件。

知识层面涵盖跨语言知识、跨文化知识和跨社会知识等内容。其中，跨语言知识不仅涉及语言本身的学习，如词汇、语法和发音，还包括理解语言在不同文化中的使用和意义。学生应深入掌握汉语和英语的语言细节，包括口语和书面语的风格、语境中的语言选择等，以便在跨文化交流中更加准确和恰当地使用语言。跨文化知识关注理解和比较不同文化中的价值观、习俗、行为模式和信仰体系。这不仅要求学生对英语国家的文化有深入了解，还要求他们对本国文化有充分认识。理解本国文化与其他文化的相似性和差异性能够帮助学生更好地在跨文化环境中进行有效交流和互动。跨社会知识强调对社会背景的理解，包括政治、经济、历史和社会结构等方面的知识。学生需要了解中国和西方国家的社会背景，包括社会规范、行为准则和社会动态，以便能够在更宽广的视野中理解跨语言和跨文化现象，有效地进行跨文化沟通。综合来看，这一层面的知识不仅包括了解不同文化的语言特点，还包括对不同文化背景、社会结构和社会行为的理解，要求学生在学习英语的同时，全面了解和深入研究汉语和英语的文化及社会背景。这不仅有助于缩短学生内心中英汉两种文化的心理距离，还能促进学生在经济全球化背景下的跨文化适应性和沟通能力的发展。通过充分掌握跨语言、跨文化和跨社会知识，学生能够在跨文化交际中更加灵活和有效地运用这些知识，从而实现有效的跨文化互动和沟通。

实践能力层面是跨文化交际能力发展的关键，包括跨文化感知能力、文化调适能力、文化比较能力、非语言交际能力、专业结合能力和职业导向能力。这些能力的发展使学生能够在实际的跨文化交流中有效地识别和解读文化差异，适应和融入不同的文化环境，进行有效的文化比较和分析，并在专业和职业领域中应用跨文化交际技能。具体而言，文化感知能力是指学生对不同文化元素的敏感性和识别能力。它要求学生能够监控和调整自己的感知方式，突破传统认知的限制，发展出更加灵活和有效的跨文化感知技巧。这种能力的形成基于对自身感知习惯的深入理解和适当调整。文化调适能力涉及学生在跨文化环境中调整自己行为和思维方式的能力。如麦休尼斯（Macionis）所述，文化调适过程包括蜜月期、冲突期、恢复期和适应期。学生应学会如何有效地通过这些阶段，尽快从冲突期过渡到恢复和适应期，从而顺利地融入新文化环境。文化比较能力强调在不同文化间寻求共性和尊重差异的能力。通过系统的文化比较，学生可以深入理解不同文化在思维方式、价值观和社会习俗等方面的差异，这不仅有助于学生理解不同文化的深层内涵，还能帮助教师更准确地定位跨文化教学的焦点和目标。非语言交际能力是指在跨文化交流中理解和运用非语言行为的能力，如肢体语言、面部表情、眼神交流等。学生需要提高这方面能力，以改善自己的交际风格和效率。专业结合能力和职业导向能力指的是将跨文化交际能力与专业知识或未来职业规划相结合的能力。这不仅关乎学术学习，还涉及如何将跨文化交际技能应用于专业领域和职业生涯发展过程，促进个人综合素质的提升和职业竞争力的增强。

总之，实践能力层面的各个要素相互依托，共同作用，能够帮助学生在理论学习的基础上，在实际的跨文化交流中灵活运用所学知识，有效地进行文化调适和沟通，成为具有高度文化意识和实践能力的复合型人才。

（二）实践模式

孔德亮、栾述文的结构模式阐明了"是什么"的问题，明确了构成大学生跨文化交际能力的核心要素以及这些要素之间的关系。而实践模式则关注"怎么做"的问题，提出了针对大学英语跨文化教学的基本原则和实施策略，旨在探索如何有效提升学生的跨文化交际能力，为教学活动提供指导，确保学生能够在实际交际中应用所学的跨文化知识和技能，从而在多元文化环境中更加自信和有效地沟通。实践模式分为原则和策略两部分，原则部分不再赘述，这里只介绍策略实施部分，如图3-6所示。

实施师资培训　　平衡语言与文化的教学内容　　比较中西文化

融入新闻知识　　进行文化测试，完善评价体系

图3-6　跨文化教学实践模式

实施师资培训是提升教师跨文化交际能力的关键途径之一。教师在跨文化英语教学中扮演着至关重要的角色，不只是语言的讲解者和示范者，更是学生学习过程中的引导者、组织者和协调者。为了有效实施跨文化教学，教师需要具备深厚的跨文化知识和教学技能。教育管理部门应制定科学的师资跨文化能力评价体系，确保教师具备必要的跨文化教学能力。高校应为教师提供丰富的中外文化交流机会，加深他们对不同文化的理解和体验。而教师自身也需要不断提高对跨文化教学的认识，掌握和应用有效的跨文化教学方法和技能。

平衡语言与文化的教学内容并强化其导向功能至关重要。文化教学不应视为语言课的附加内容，而应视为语言学习过程中不可或缺的组成部分。而语言不仅是交流的工具，还是文化的载体，两者密不可分。应确保文化教学的比重，明确跨文化教学的目标和内容。教材的编写和选

第三章 跨文化背景下高校英语教学思维与教学模式创新

用应更加注重语言知识与文化知识的融合，不仅传授如词汇、语法等语言规则，还应提供丰富的文化背景信息，重视语言知识与文化知识的融合，使学生在学习语言的同时，能够了解并理解语言背后的文化内涵。此外，教师在教学过程中应有意识地融合语言与文化教学，不仅讲解语言知识，还应解释文化现象，引导学生理解语言表达背后的文化意义。通过这种教学方法，学生能够在学习语言的同时，提升自己的跨文化交际能力。同时，教师需要使用多样化的教学策略，如案例分析、角色扮演、情境模拟等，来增强学生的文化感知和理解。课后习题和活动也应设计得更加贴近实际生活，结合文化背景知识和跨文化交际技巧，促进学生将所学知识应用于实际的跨文化交流。

比较中西文化强调在大学英语教学中应当重视比较中西文化，并将两者融会贯通。在大学英语教学过程中，教师既要引导学生深入理解英语文化的深层含义，也要引导学生探索汉语文化的本质特征。因此，中西文化的比较学习是必不可少的。在教学中，教师应通过具体实例来深化学生对中西文化差异的理解。同时，教师应均衡反映中西方文化，增加汉语文化元素的比重，以促进学生对两种文化的全面了解和理解。这种做法不仅能帮助学生掌握目标语言，还能提高他们的跨文化交际能力。

融入新闻知识强调在高校英语教学中应当充分利用英语新闻的内容和优势进行教学。在快速发展的现代社会中，英语教材不可避免地面临更新缓慢的问题。而英语新闻来源多样，内容和主题具备及时性、广泛性，能突破传统文化的局限，链接最新的知识与语言用法，使学生不仅掌握课内基础知识，还能获取课外的语言文化知识。同时，新闻的语言用语和文体特征独特，具有趣味性，学生对新奇事物的强烈好奇心和敏感度会使他们乐于接受并讨论时事新闻，因此融入英语新闻是调动他们学习兴趣的有效途径。此外，英语新闻缩短了英语学习与应用之间的距离，让学生看到了英语语言在反映真实事件中的应用技巧，让英语学习过程很好地连接了教科书与现实，有助于增强学生的英语实践能力，实现从考试导向型学习模式到应用型学习模式的转变。

在实践模式中还要进行文化测试，完善评价体系。文化评价体系应覆盖文化知识、情绪态度以及交际技能等多个维度，以确保学生在跨文化交际中的全面发展。文化知识方面的评价应通过多样化的测试形式来执行，目的是全面评价学生对不同文化背景知识的掌握程度。这不仅涉及事实的记忆，还包括对文化现象深层含义的理解。对于情绪态度方面，考查学生对文化多样性的接受程度和适应能力尤为重要。对具体情境进行分析和评价可以更好地理解学生对跨文化交流中可能遇到的挑战和情感反应的处理能力。交际技能的评价则重在观察学生在实际交际过程中的表现，如何应用所学文化知识解决实际问题，并有效进行跨文化沟通。为了更全面地反映学生在跨文化学习过程中的进步和成就，可采用作品集评价法来建立一个综合评估的平台，支持学生在其中展示他们在文化学习中的各项成果。

三、跨文化能力培养"四合一"模式

学者杨盈和庄恩平提出了全球意识、文化调适、文化知识和交际实践四大能力系统组成的跨文化交际能力模式[①]，如图 3-7 所示。

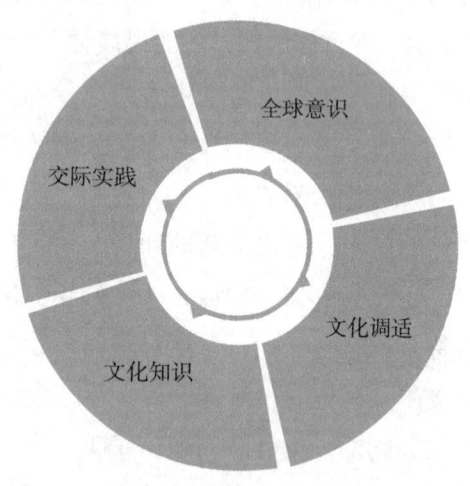

图 3-7 跨文化能力培养"四合一"模式

---

① 杨盈，庄恩平.构建外语教学跨文化交际能力框架[J].外语界，2007（4）：13-21+43.

第三章　跨文化背景下高校英语教学思维与教学模式创新

其中，全球意识体现了个体在理解、分析、比较和应对不同文化背景下的能力，是跨文化意识和跨文化思维的综合展现。这种意识要求个体不仅了解自己的文化背景，还能够理解和尊重其他文化以及在不同文化间进行有效的沟通和交流。全球意识的核心在于构建一个多层次的文化认识框架，包括个体对个人文化、本土文化和外部文化的理解。这种框架相当于一张内涵丰富的文化地图，描绘了个人、本族和他族文化的多维度特征。个体的自我意识，即对自己的性格、能力和价值观的认知，构成了这张地图的个人层面。这种自我认识对于在跨文化交流中形成有效的交际策略和行为调整至关重要。在更广阔的文化层面，全球意识强调文化相对意识，即理解和接受文化之间存在差异而不必陷入优劣的比较。这要求个体基于对自身和他族文化知识的深入理解，发展出一种超越民族中心主义、能够客观看待不同文化差异的思维方式，这种思维能力使个体能够在跨文化交流中准确解读文化差异，有效应对文化冲突，从而实现有效的跨文化交流和协作。

文化调适是个体在不同文化环境中自我调节和行为适应的能力。这种能力是跨文化交际中极为关键的因素，因为它涉及个体如何根据不同文化的特征来调整自己的行为和心理状态，以促进有效的交际和相互理解。这种调适能力包含两个核心要素：心理调适能力和灵活应变能力。心理调适能力关注个体如何管理和调整自己在文化差异所引起的冲突或压力中的心理状态。这涉及如何降低不确定性、减轻心理压力，并达到一种自我放松和心理平衡的状态。通过有效的心理调适，个体能更快地从文化冲突的影响中恢复过来，加速进入文化适应的阶段。灵活应变能力则超越了简单的语言运用能力，它要求个体能够在不同文化的交际场合中灵活运用交际策略、文化知识和跨文化思维。这种能力涉及如何在面对不同文化背景的人时，有效地调整交际方式和行为模式，以适应不同的文化要求和交际场合。文化调适能力的培养需要个体不仅理解不同文化的表层差异，如习俗和行为规范，还深入理解文化的深层价值和信念系统。这种深入的理解有助于个体在遇到文化差异时，能够更加深刻地理解其背后的原因和意义，从而更加有效地进行文化调适。

　　文化知识在跨文化交际能力的构建中占据着至关重要的地位。人们通常将文化分为两大类：高文化，包括文学、艺术、音乐、建筑、哲学和科技等人类文明的成就；日常文化，涵盖风俗习惯、生活方式、社会组织和人际关系等。在跨文化交际范畴内，对日常文化知识的理解显得尤为重要，因为这些方面直接影响着跨文化交流的效果和效率，是理解高文化的基础。而高文化是理解民族或语言文化与精神价值的重要支撑。文化知识不仅应该包含高文化，还应该包含日常文化。而在教授文化知识的过程中，不应仅仅限于文化知识点的导入，而是应更深入地探讨如何将这些知识转化为实际的跨文化交际能力。文化知识与语言技能的有机结合对于提高跨文化交际能力至关重要。这要求教师和学生不仅学习和理解异国的文化知识，而且深刻地认识和理解自己民族的文化体系。

　　交际实践能力是跨文化交际能力中至关重要的部分，它强调在实际交流中综合运用语言和非语言元素以及适当的交际策略来完成具体任务和解决问题。这一能力涉及语言交际能力、非语言交际能力和交际策略的整合应用。语言交际能力不仅是指掌握词汇、语法、语义等语言知识，还包含如何将这些知识运用到实际交际中的能力。这种能力要求了解语言的文化背景和社会功能，能够灵活地在不同语境中使用语言。例如，理解语法和词汇如何反映不同文化的价值观和社会习俗，以及如何根据交际场合的需要选择合适的语言形式和风格。非语言交际能力同样重要，它包括肢体语言、面部表情、声调、姿势和空间距离等元素的使用，这些非语言信号在跨文化交际中常常承载着丰富的信息。有效的非语言交际能力能帮助个体更好地理解和适应不同文化的交际规则，从而避免误解和冲突。交际策略则是指个体在跨文化交际过程中采取的方法和技巧，以达到有效沟通的目的。这包括调整自己的言行以适应不同文化背景的交际伙伴、使用适当的语言和非语言信号来表达意图，以及在交流中灵活处理文化差异带来的挑战等。交际实践能力的培养需要通过实际的语言使用和文化体验来实现。这不仅要求学生在课堂上获取理论知识，还需要学生在实际生活中不断实践和反思，通过与不同文化背景的人交流来不断提高自己的跨文化交际能力。因此，教师应设计各种实践活动，如角色扮演、情境模拟、跨文化交流项目等，以促进学生交际实践能力的发展。通过这种实践，学生不仅能够将文化知识转化为实际的交际能力，还能够在跨文化交流中增强自信，提高适应不同文化环境的能力。

这种"全球意识、文化调适、文化知识、交际实践"四合一教学模式构成了一套综合性的跨文化交际能力培养体系，有效地融合了理论学习与实践应用。该模式不仅着重文化差异的理解和适应，还强调在全球背景下培养学生的文化意识和敏感性，为学生提供深入了解各种文化的知识基础，并通过实践活动加强学生对这些知识的应用能力。通过将文化调适的灵活性、全球意识的广阔视野、深厚的文化知识以及实际的交际技能相结合，这种模式为学生提供了一个全面的能力结构指导，可以说是一种具有全面性和前瞻性的教育策略，可以为跨文化教学模式提供有价值的参考。

第四章 信息化背景下高校英语教学思维与教学模式创新

第一节 信息化背景下高校英语教学创新的必要性

在信息化时代背景下，高校英语教学创新成了教育发展的必然选择。信息化不仅是国家现代化人才培养的必然选择，还是适应学生需求变化、丰富教学效果的关键，如图4-1所示。随着信息技术的发展和数字资源的丰富，信息化为高校英语教学提供了前所未有的机遇和挑战，促使教学方法、教学理念甚至教学环境发生了根本变化。

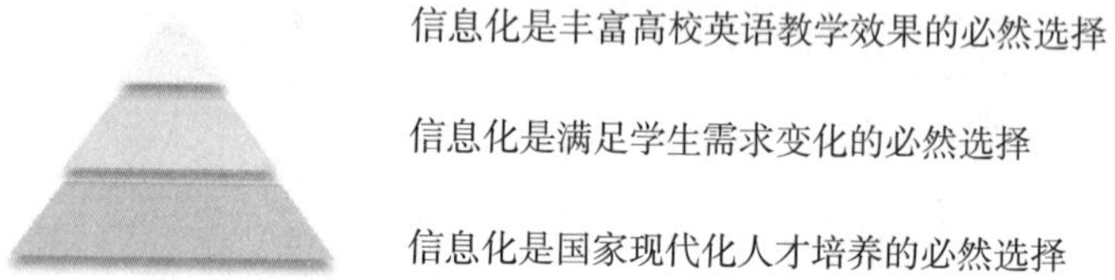

信息化是丰富高校英语教学效果的必然选择

信息化是满足学生需求变化的必然选择

信息化是国家现代化人才培养的必然选择

图4-1 信息化背景下高校英语教学创新的必要性

一、信息化是丰富高校英语教学效果的必然选择

高校英语教学的信息化是现代教学环境中的一项重要发展措施，它不仅极大地丰富了英语教学资源和手段，而且为传统英语教学注入了新的活力。信息化教学的核心在于利用信息技术，如互联网、多媒体和虚拟现实，来提高教学效率和效果，使教学活动更加生动、互动和灵活。

第四章 信息化背景下高校英语教学思维与教学模式创新

第一,信息化可以使教学资源多元化。信息化极大地扩展了高校英语教学的资源。传统的教学资源主要依赖纸质教材,而信息化教学突破了时间和空间的限制,使教师和学生可以接触到世界各地的英语学习资源。通过网络,各种在线课程、电子图书、学术文章、多媒体课件以及语言学习应用程序成为教学资源的一部分,极大地丰富了教学内容和形式。例如,教师可以利用在线资源引入原版英语文学作品、国际新闻报道或英语母语国家的文化资料,使学生在学习语言的同时,增强文化理解,拓宽视野。

第二,信息化可以使教学方法创新化。信息化促进了高校英语教学方法的创新。传统的教学模式往往是教师主导的讲授法,学生的参与度和互动性相对较低。信息化教学则倡导更加互动的和以学生为中心的学习方式。例如,借助多媒体技术,教师可以设计各种互动式的教学活动,如在线讨论、协作学习和模拟实践,使学生在真实的语言使用环境中学习和练习英语。此外,数字游戏、在线测验和虚拟现实场景的应用能使学习过程更加生动有趣,有助于提高学生的学习动机和参与度。

第三,信息化显著提高了高校英语教学环境的互动性。通过网络平台和社交媒体,学生可以轻松地与教师、同学甚至全球的英语学习者进行交流和分享。这种交流不限于课堂内部,而是拓展到了课堂外,形成了一个开放、互助的学习社区。在这个社区中,学生可以分享学习经验,讨论学习问题,与外国朋友进行语言交流,实现真正的跨文化沟通。这种互动性极大地增强了学习的实践性和社会性,有助于学生更好地理解和运用英语。

第四,信息化可以使教学评估现代化。信息化促进了高校英语教学评估的现代化。传统的教学评估多依赖纸笔考试和教师的主观判断,而信息化教学提供了更多元和客观的评估工具。例如,通过在线测试和电子作业系统,教师可以及时、准确地搜集和分析学生的学习数据,以评估学生的学习进度和成效。这种评估方式不仅包括学生的知识掌握程度,还涵盖了学习策略、思维技能和情感态度等多方面的内容。此外,信息技术支持形成性评估和即时反馈能帮助学生及时了解自己的学习情况及根据反馈调整学习策略。这种动态、互动的评估过程更符合学习的本质，有利于促进学生的自主学习和终身学习能力的发展。

二、信息化是满足学生需求变化的必然选择

在信息化时代，学生的学习需求发生了深刻变化，主要体现在以下几个方面：

第一，自主学习的需求增强。现代学生在信息丰富的网络环境中长大，习惯利用互联网自主获取知识。他们希望能够控制自己的学习进度、时间和路径，根据个人兴趣和需求选择学习内容。这种学习习惯要求英语教学提供更多自主学习的机会和资源，例如在线课程、互动学习平台和个性化学习计划，以满足学生的自主学习需求。

第二，对于互动和协作学习的偏好。信息化时代的学生偏好通过互动和协作的方式学习。他们倾向在讨论、合作解决问题的过程中学习新知识。这种偏好促使高校英语教学创新方法，如采用小组合作学习、项目式学习和基于任务的学习活动，以促进学生之间的互动和合作，提高学习的有效性和趣味性。

第三，对于跨文化交流能力的重视。在经济全球化背景下，学生越来越需要具备跨文化交流能力。他们希望通过学习英语不仅能掌握语言技能，还能了解不同文化背景下的交流方式和思维习惯。因此，英语教学需要创新，通过引入国际化的教育元素，如跨文化交流项目和国际合作学习，来培养学生的跨文化理解能力和交流能力。

第四，对于技术和媒体素养的培养的需求。随着信息技术的发展，学生不仅需要学习如何有效地使用技术获取和处理信息，还需要具备批判性地评估信息的能力。这就要求高校英语教学融合媒体素养教育，教授学生如何识别和评价不同信息源的可靠性和偏见，以及如何安全、负责任地使用网络资源。

第五，对于综合能力发展的需求。今天的学生面临的是一个快速变

化的世界，需要具备解决复杂问题的能力、创新思维和适应变化的能力。这要求高校英语教学不仅传授语言知识，还应该设计旨在培养学生批判性思维、创新能力和团队合作能力的学习活动。

第六，终身学习观念的满足。在知识更新迅速的今天，终身学习已成为必要。学生需要培养持续学习和自我提升的能力，这对高校英语教学提出了新的挑战。教育者需要创新教学方法，激发学生的学习兴趣，帮助他们建立终身学习的意识，培养自我驱动的学习习惯。为了适应这些变化，英语教学要进行创新。

三、信息化是国家现代化人才培养的必然选择

英语作为国际通用语言，在全球经济、政治、科技和文化交流中占有重要地位。在国家层面，推动高校英语教学信息化是实现国家战略目标的重要手段，如提升国家软实力、增强国际竞争力和推动国际合作。借助信息化手段可以更有效地培养掌握英语并具有国际视野的专业人才，这对于国家在经济全球化背景下维护自身利益和提升国际影响力至关重要。在知识经济时代，知识更新迅速，信息化的高校英语教学能够加速知识的更新与传播。通过网络平台和数字资源，学生可以实时接触到最新的国际动态、科技进展和学术研究，这不仅有助于提升学生的学习效率和质量，还有助于国家在全球知识经济中保持竞争优势。高校英语教学信息化可以帮助构筑国际交流与合作的平台，促进国家之间的文化交流和科技合作。通过虚拟交换项目、在线国际研讨会等方式，学生和教师可以跨越地理界限，与全球的伙伴进行互动和合作，这有利于提升国家在国际社会中的合作能力和文化软实力。信息化的高校英语教学能够帮助国家根据经济社会的发展需求，更加精准地规划和调整人才培养结构。利用数据分析和人工智能技术可以对教育过程和学习成果进行有效监测和评估，为教育决策提供支持，优化人才培养方向和结构，更好地满足国家发展的需要。高校英语教学信息化不仅能提高教育质量和效率，还能促进社会主义现代化建设。培养具有全球视野和国际竞争力的人才可以为国家的科技进

步、经济发展和文化繁荣提供人力资源支持,推动国家全面现代化进程。

第二节 信息化在高校英语教学中的应用

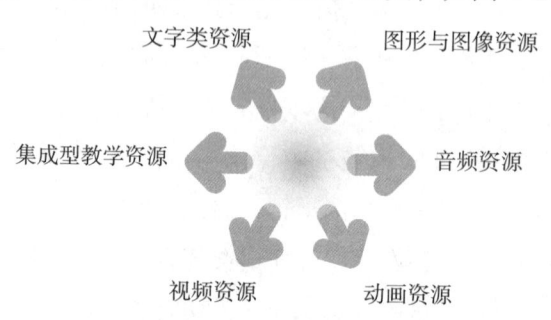

一、信息化教学资源

信息化教学资源是指在信息技术高速发展的背景下,用于教学目的的多种资源。这些资源利用了先进的信息技术,如多媒体和网络技术,从而使教学资源更加多样化。在定义方面,信息化教学资源可分为广义和狭义两个层面。从广义层面来看,它包括一切能够支持教育活动的物质、能量和信息,涵盖学习材料、媒体技术、教学环境及人力资源等;从狭义层面来看,它特指在信息技术环境中使用的数字化内容和工具,例如数字化教材、网络课程以及用于知识传递、情感交流和互动的工具。具体来说,信息化教学资源可以分为以下几类,如图4-2所示。

图 4-2 信息化教学资源类型

(一) 文字类资源

在高校英语教学领域中,文字资源是不可或缺的基础教学媒介。它们主要承担着信息传递的重要角色,通过特定的符号体系,精准地表达复杂的概念和知识。在传统的英语教学场景中,文字资源主要表现为教

第四章 信息化背景下高校英语教学思维与教学模式创新

科书和练习册，这些文本材料包含了语法规则、词汇表、例句和各类练习题等，构建了学习英语的核心框架，为学生的英语学习之旅提供了方向和指导。随着信息技术的飞速发展，尤其网络技术的广泛应用，文字资源得到了极大的扩充和丰富。在数字化时代，与传统的纸质教材相比，数字化的文字资源拥有更丰富的表现形式和更强的互动性。在线学习平台的兴起使文字不再局限于静态，而是可以通过动态的视觉呈现方式，如可变的字体、大小、颜色以及交互性强的超链接等，使学习内容更加生动和吸引人。这种形式的转变不仅增加了教学材料的吸引力，还提高了学习的效率和深度。更重要的是，数字化的文字资源常与多媒体元素如音频、视频和动画相结合，这种多媒体整合为学生提供了一种更加立体和互动的学习体验。通过这些多媒体元素的辅助，学生可以更好地理解和吸收语言知识，使学习过程更加生动和有效。在互联网大背景下，英语学习的文字资源还体现在在线论坛、博客和社交媒体平台等新型学习媒介上，这些平台提供了更广阔的交流和讨论空间。学生可以在这些平台上与来自不同背景的人交流、分享学习经验、讨论学术问题，从而在实践中提高语言运用能力和交际技巧。这样的学习方式不仅能拓宽学习的视野，还能增强学生将所学知识应用到实际生活中的能力。总体来说，信息化高校英语教学背景下的文字资源已经远远超出了传统纸质教材的范畴，成了一种更加多元、动态和互动的教学资源。这些资源借助现代信息技术，特别是网络和数字化手段，为英语学习者提供了更广阔的学习平台和更丰富的学习体验，大大提升了英语教学的效率和效果。

（二）图形与图像资源

在高校英语教学中，图形与图像资源是非常重要的数字化教学元素，它们在传递信息和丰富教学内容方面发挥着独特作用。这些资源以图形和图像的形式出现，在教学过程中提供了视觉上的支持和辅助。图形资源主要包括各类图表、流程图和思维导图等，通过视觉化的手段简化和展示复杂的概念、数据或流程。它们的简洁性和直观性使抽象的语言学概念和复杂的语法结构更易于人们理解和记忆。例如，在讲解复杂的语法时，通过流程图或图解可以直观展示语法结构的组成和运作方式，帮助学生快速把握核心概念。与图形资源相辅相成的是图像资源，如照片、插图和静态图像等。这些图像资源在英语教学中扮演着重要角色，它们不仅能生动展示单词和短语的具体含义，还能提供丰富的文化背景和语境环境。图像资源能够直观地反映真实世界，帮助学生在学习语言的同时，增进对文化和生活习惯的理解。此外，图像的选择性和编辑性在数字化教学中尤为突出，学生可以根据自己的兴趣和学习需求挑选合适的图像，并利用数字工具对其进行编辑或创作，从而增加学习的互动性和个性化。在数字化的英语教学环境中，图形与图像资源以其独有的视觉表达能力，不仅增强了教学内容的吸引力和理解度，还大幅提升了信息的记忆效果。教师通过对这些资源的有效运用，可以使英语教学过程更加生动和直观，增加教学的趣味性和互动性，同时激发学生的学习兴趣和参与热情。因此，图形与图像资源在信息化的高校英语教学中发挥着不可替代的作用，是提升教学效果和学习体验的重要工具。

（三）音频资源

音频资源在高校英语教学中占有极其重要的地位，特别是在提高学生的听力理解能力和发音技巧方面发挥着关键作用。音频资源主要分为波形音频、CD-DA 音频和 MIDI 音频三种类型，它们各自具有自身的特性和使用环境。波形音频通过直接记录声音波形来捕捉声音，以使用方便和广泛的适应性而受到人们青睐。这种类型的音频常见于各种多媒体教学应用中，如语言教学录音和听力训练材料。波形音频的优点是能够直观地呈现声音信息，其劣势在于文件体积较大，可能对存储空间和网络带宽提出更高要求。CD-DA 音频，即数字音频光盘格式，是高质量音频的代表，提供清晰的立体声效果。它在专业的语音和音乐制作中被广泛使用，因优异的声音质量而备受推崇。在英语学习中，CD-DA 音频能够提供高品质的语音示例，助力学生学习并模仿标准的发音和语调。

MIDI 音频是一种电子音乐格式，以数据压缩小和专业性强而著称，它依赖特定的音频设备或软件进行播放。虽然 MIDI 音频更多被用于背景音乐和辅助音效，但在英语教学中，它也可以用于创造沉浸式的学习环境或辅助教学内容的解释。音频资源的价值在于其作为过程信息的承载者，不仅能传达教学内容，还有助于提升学生的听力接收能力，训练学生的注意力，促进学生情感的发展。通过各种听力练习、对话理解和语音模仿活动，学生能够深入了解英语的语音和语调，同时培养对英语的感知和欣赏能力，获得深入的语言学习体验。

（四）动画资源

动画资源在高校英语教学信息化中扮演着非常重要的角色，通过呈现一系列连续的画面，营造出视觉上的运动和变化，为学生带来生动的学习体验。这种资源通过模拟事物的动态过程，生动地展示了语言和文化的各种现象。其工作原理与电影和电视相似，都是利用视觉连续性原理来实现。动画资源的制作涉及专业的技术和工具，其风格和特点根据不同分类而有所不同。从表现形式来看，动画可以分为完善动画和局限动画。完善动画追求接近自然的效果，适用于模拟真实的环境或场景，使观众能够直观地感受到场景的真实性。相比之下，局限动画则通过简化和夸张的手法来强调和传达核心信息或概念，便于学生集中注意力理解特定内容。从视觉效果的角度来看，动画可以分为平面动画和三维动画。平面动画以二维形式展现，提供平面的视觉体验，而三维动画则以立体的视觉效果，更加生动和真实地描绘复杂的语言环境和文化背景。从播放方式来看，动画可以分为顺序动画和交互式动画。顺序动画按照固定顺序展示连续的动作或故事情节，交互式动画则允许观众通过操作来控制动画的播放过程，增强了学习的互动性和参与感。此外，还根据播放的流畅度，将动画分为全动画和半动画。全动画通过高帧率展现流畅细腻的动作，而半动画则在某种程度上简化动作，减少了帧数的使用。在高校英语教学中，动画资源能够有效剥离复杂现象的非本质因素，凸显核心要点，帮助解释复杂的语言学概念和文化情境。

动画的创意性和生动性使它在传递教学信息时既清晰，又富有吸引力，能够有效激发学生的兴趣和参与热情。在教授英语词汇、语法结构或对话练习等方面，动画提供了一个直观且互动的学习环境，让学习过程变得更加生动有趣。因此，作为一种重要的教学媒介，动画资源在英语教学的信息化进程中具有不可替代的价值，它不仅丰富了教学内容，还提高了学习体验的趣味性和效果。合理利用动画资源可以有效提升英语教学的质量和效果，使教学活动更加生动和有效。

（五）视频资源

视频资源在高校英语信息化教学中发挥着极其关键的作用，其以真实的场景记录，展现了世界的多样性和细节的复杂性，使之成为理解陌生概念和情境的强有力工具。与动画资源相比，视频资源以其真实性的优势，不仅传递大量信息，还具有强烈的感染力，通过真实的视听材料，能够有效提高学生对英语语言和文化的理解和感知。视频资源的特点在于提供了真实的语言使用环境和文化背景，如展现母语者的日常交流、文化节庆活动或特定语境下的语言应用。这种真实的视听体验使学生能够直观感受到语言在实际生活中的应用，从而加深对语言功能和文化内涵的认识。视频的声音和图像相结合，加强了信息的传递和感知，使学习过程更加生动和直观。尽管视频资源在教学中极其有用，但也存在挑战，特别是视频中可能包含大量非目标相关信息。这些杂乱的信息可能分散学生的注意力，影响学习效果。因此，在选择和使用视频资源时，教师需要细心筛选和编辑，确保视频内容与教学目标高度相关，并且能够有效辅助教学目标的实现。为了充分发挥视频资源在英语教学中的价值，教师应采取策略性的方法来优化其使用。在视频播放前，教师可以设置引导问题或讨论主题。在学生观看视频后，教师可以组织讨论和分析，帮助学生深化理解，巩固记忆。同时，教师可以将视频与文本、图像等其他教学资源结合起来，通过多种感官渠道加强学习效果。此外，设计与视频内容相关的互动练习和任务可以提高学生的参与度和实践能力,使学习更加富有成效。

(六)集成型教学资源

集成型教学资源是为达成教学目标,通过整合各种多媒体素材和教学元素,形成适应各种教学场景和满足不同学生学习需求的综合性资源。其多功能性和灵活性使教学过程更加高效和个性化,为高校英语教学提供了全面和多样化的支持。例如,试题库和在线试卷的融合汇集了多种题型和难度级别的题目,不仅支持在线测评和学习进度的评估,还能够即时反馈,帮助教师及时调整教学方法。这种资源的实时性和互动性极大提高了教学的效果和效率。课件和网络课件是集成型教学资源的重要组成部分,它们包含了丰富的知识点,旨在提供全面的教学体验。这些课件不仅满足了个体化学习的需求,还适应了网络共享的环境,使教学资源可以跨越时空界限被广泛访问和利用。案例学习资源通过展示具有实际教学意义的事件或现象,提供了生动和实际的学习体验。这些资源着重理论与实践的结合,使学生能够在接近真实的学习环境中应用知识和技能,从而提高解决问题的能力。文献资料作为集成型教学资源的一部分,提供了关于教育领域的深入研究和全面参考。这些资料涵盖了政策分析、法规指导、学术研究和历史事件等,为教育实践提供了理论支撑和深度背景。常见问题解答资源以问题和解答的形式,为学生提供针对特定学科领域的详细说明,帮助他们快速理解复杂概念并解决学习中的问题。这种资源的快速响应和针对性强化了学习的针对性和效率。资源目录索引为学生和教师提供了便捷的检索和访问途径,使他们能够轻松发现和利用特定领域内的教育资源,无论是在线资源还是实体材料。总体而言,集成型教学资源通过融合多种教学媒体和元素,为英语数字化教育提供了坚实的支持。这些资源不仅丰富了教学内容,增强了教学的互动性和灵活性,还提高了教育过程的效率和质量,有效利用这些资源可以显著提升教学质量,激发学生的学习兴趣和参与度,从而促进他们在英语学习上的全面进步和发展。

二、信息化教学资源开发与应用的原则

在当今数字化时代，信息化教学资源的应用已成为教育领域的重要组成部分，它不仅丰富了教学手段，还提升了学习效率和质量。要有效地利用这些资源，需要遵循一系列原则，以确保信息化教学活动的有效性和资源的合理利用。本部分将详细探讨信息化教学资源应用的关键原则，包括教学适宜性原则、科学性原则、全面质量原则、经济性原则以及开放共享原则，如图4-3所示。这些原则共同构成了信息化教学资源开发和应用的理论框架，指导人们如何更科学、经济、有效地利用信息化教学资源，以促进教育的现代化进程。

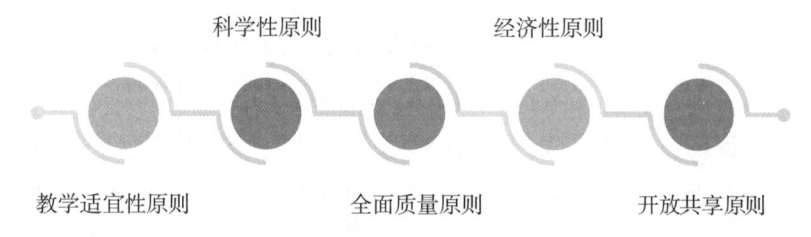

图4-3 信息化教学资源开发与应用的原则

（一）教学适宜性原则

教学适宜性原则是信息化教学资源开发与应用的重要准则，它要求教学资源的设计和使用应与教学的目标、内容和方法紧密相连，同时符合学生的认知发展水平。该原则的核心在于确保信息化教学资源能够有效地支持教学过程，促进学生的学习。遵循教学适宜性原则的重要性源于其对教学有效性的直接影响。在信息化教学资源的开发中，考虑到学生的认知特点和学习需求，应使教学内容更加符合学生的实际情况，从而提高学习效率和教学效果。该原则强调教学资源应该是学生认知发展的助推器，而不仅仅是知识信息的载体。从学生认知的角度来看，教学资源需要体现学生认知的逐步发展过程。信息化教学资源应该包含从浅

第四章　信息化背景下高校英语教学思维与教学模式创新

入深的知识结构，与学生的认知发展阶段相匹配。例如，对于初学者，教学资源应该着重基础概念的介绍和简单实践的引导；而对于更高级的学习者，则可以包含更复杂的理论探讨和深入的实践分析。从教学内容的逻辑性和结构性角度出发，信息化教学资源应该有助于学生构建系统的知识框架。这意味着教学内容不仅要覆盖学科的基本概念和原理，还要呈现这些概念之间的内在联系，使学生能够通过逻辑推理和批判性思维来理解和应用这些知识。

此外，教学适宜性原则的实施要求教学资源的表现形式适应学生的学习习惯和认知风格。不同的学生可能偏好不同的学习方式，例如视觉、听觉或动手操作等。信息化教学资源应当多样化，利用图像、声音、视频、模拟实验等多种媒体形式来满足不同学生的学习偏好，使学习过程更加个性化和有效。

教学适宜性原则的实施还需要考虑教学资源的适时性和相关性。随着科学技术的发展和社会需求的变化，教学内容和方法需要相应更新，以确保教学资源能够反映最新的知识和技术发展趋势。同时，教学资源应紧密关联学生的生活经验和实际应用，使学习内容贴近实际，增强学生学习的意义和动机。

综上所述，遵循教学适宜性原则对于提高信息化教学资源的有效性和教学质量具有重要意义。这一原则强调了教学资源开发与应用过程中对学生认知特点的关注、对教学内容和方法的科学组织，以及对教学资源形式的多样化需求。实施这一原则可以确保教学资源不只能传递知识，更能促进学生的全面发展，实现教学的良好效果。

（二）科学性原则

信息化教学资源的开发与应用需遵循科学性原则，因为科学性直接关系教学资源的质量和教学活动的效果。科学的教学资源能够为学生提供正确的知识和技能，避免传递错误或过时的信息，从而确保教学过程的有效性和学生学习成果的可靠性，并且基于科学原理设计的教学资源能够促进学生批判性思维的培养,引导他们理解和掌握科学的思考方式和研究方法。具体而言,科学性原则的实施需要在教学资源的内容选择、结构设计和表现形式上体现科学的方法和理念。首先,在内容选择上,教学资源应涵盖经过科学验证的知识和理论,摒弃未经证实或已被科学界否定的观点。这要求教材开发者具有较强的专业知识和对相关学科领域动态的敏感度,以确保教学内容的科学性和时效性。其次,在结构设计上,科学性原则要求教学资源的组织结构体现逻辑性和系统性,便于学生理解和掌握复杂的概念和知识体系。这意味着教学资源应按照科学的认知规律和学习理论来组织知识点,从而帮助学生构建系统的知识框架和有效的学习路径。最后,在表现形式上,科学性原则强调教学资源的呈现方式应支持有效学习,包括利用合适的媒体技术和教学方法来增强学习体验,如通过实验、模拟、互动等手段,使学生能够直观地观察和体验科学现象和过程,提高学习的积极性和深入性。此外,科学性原则还涉及教学资源更新和优化的持续过程。随着科学技术的进步和教学实践的深入,教学资源需要定期评估和更新,以保持其内容的前沿性和适用性。这要求教师和教材开发者持续关注科学研究和教育技术的发展,及时将最新的科学发现和教学方法融入教学资源。总之,科学性原则是指导信息化教学资源开发与应用的基本准则之一,遵循这一原则对于保证教学资源的质量、提高教学效果以及促进学生全面发展具有重要意义。确保教学资源的科学性可以为学生提供一个准确、系统和高效的学习环境,有助于培养他们的科学素养和终身学习能力。

(三)全面质量原则

全面质量原则是指在信息化教学资源的开发与应用过程中,不仅要注重信息化资源数量上的应用,还要关注信息化资源是否满足了教学内容的需要、达到了技术和艺术等层面的要求。一些教师在信息化教学过程中过分依赖图片、视频或电影等多媒体资源,认为这些足以代表教学信息化的实现,例如一节课播放一部电影让学生自主观看,观看完毕即

第四章 信息化背景下高校英语教学思维与教学模式创新

下课。虽然这种方式增加了信息化教学的数量，但单纯追求数量并不能真正实现信息化教学的目标和效果。教学信息化不只是技术的堆砌，更重要的是教学内容和方法的创新与优化。如果多媒体资源与教学目标、课程内容脱节，就无法有效支持教学过程和促进学生的认知发展。例如，单纯播放电影而不结合教学目标进行适当的引导和讨论，可能导致学生仅停留在表面的观看体验上，无法深入理解和吸收相关知识。此外，如果信息化资源的内容未经精心挑选和设计，可能包含与学习目标无关的信息，分散学生的注意力，甚至传递错误或过时的知识，影响学习效果。遵循全面质量原则要求英语教学信息化既应增加教学资源的数量，又应提升教学资源的质量。高质量的信息化教学资源能更有效支持教学目标的实现，促进学生的认知发展和技能提升。具体而言，全面质量原则要求教学资源在内容上符合教学大纲和学习目标，内容的科学性、逻辑性和系统性都需要严格把控。资源的内容设计应贴近学生的实际生活和认知发展阶段，易于被学生理解和吸收，从而促进学生主动探索和深入学习。此外，从技术层面来看，全面质量原则体现在信息化资源需要具备高清晰度的图像、清晰可辨的声音、准确同步的声画表现，以及稳定灵活的运行环境，这些技术属性直接影响教学资源的可用性和教学效果。从艺术层面来看，全面质量原则要求教学资源具有一定的审美性。良好的视觉效果、和谐的色彩搭配、适宜的声音节奏都能够提升学生的感官体验，激发学生的学习兴趣和动机。艺术性处理不仅能增强教学资源的吸引力，还有助于创建愉悦的学习环境，使学生在接受知识的同时享受美的体验。从实施层面来看，全面质量原则要求资源开发者具备跨学科的知识和技能，包括教育学、心理学、信息技术和艺术设计等，以确保教学资源得到充分的开发和应用，从而在课堂上达到良好的展现效果。

（四）经济性原则

经济性原则要求在信息化教学资源开发和应用过程中确保资源投入与教学成效之间的最优匹配。尤其在高校英语教学领域资源条件有限的情况下，要注重成本控制和资源效率。在有限的经费、物力和人力条件下，开发出高质量、高效能的教学资源，不仅涉及经费的合理使用，还关乎资源开发的可持续性和教育公平性。具体而言，在实践中，实现经济效益原则要求教育决策者和资源开发者深入分析教学资源的需求，制订合理的开发计划，避免不必要的重复建设。这意味着在信息化教学资源的开发过程中，应充分考虑资源的实用性和长期价值，优先考虑那些能够多方位服务教学需求、经久耐用的资源。例如，开发多功能的英语学习平台，集成听说读写各项技能的训练，而不是分别投资建设针对单一技能的学习工具，这样可以减少重复投资，增加资源的综合利用效率和可持续性。此外，考虑到高校英语教学的特点，经济效益原则强调资源的适用性和长期价值。在英语教学中，学习资源应涵盖广泛的语言环境和文化背景，以适应不同学习者的需求。因此，在资源开发时，应考虑包含丰富多样的教学内容和活动，如真实情境的语言练习、互动式的文化体验等，这样的资源不仅能够提高学习者的兴趣和动机，还能够适应长期和持续的教学需求。此外，经济效益原则还强调对现有资源的合理利用和改造，如通过更新内容、提升交互性等方式，延长资源的使用寿命，提高资源的使用效率。在高校英语教学中可以通过整合和升级现有的教学资源，如更新教学内容、提高互动性和用户体验等，来延长资源的使用周期，避免不必要的开支。已有的高校英语教学视频可以通过添加互动问答、配合在线测试等方式，增强学习的互动性和实用性。在技术层面，采用成本效益高的技术解决方案同样重要。例如，采用云计算、开源软件和网络共享资源等技术手段可以减少对硬件的依赖，降低信息化建设的总体成本和维护成本。这种方式不仅经济实用高效，还能够加速教学资源的创新和推广，促进教育资源的均衡分配，提高教育公平性。

（五）开放共享原则

开放共享原则强调信息化教学资源应具备高度的开放性和共享性，

这涵盖了资源开发的参与主体、资源内容的涵盖范围，以及资源结构的灵活性和扩展性。这一原则旨在打破传统教学资源开发的界限，推动教学资源的创新和共享，满足多样化的学习需求。具体而言，开放共享原则中开放性强调教学资源的开发不应局限于特定的个体或团队，而是应鼓励教师、教育专家、学科专家乃至广大学习者和社会各界人士参与。这种开放性有助于集合更广泛的智慧和经验，丰富教学资源的内涵和形式。例如，在高校英语教学资源的开发中，除了语言教学专家的专业知识，还可以整合来自不同文化背景的学习者的实际体验和需求，使资源更加贴近实际使用情境，增强教学的实效性和吸引力。资源内容的开放性要求教学资源不仅服务学校教育和正式教育，还应覆盖非学校教育和非正式教育领域。这种开放性能够支持终身学习的理念，适应不断变化的教育需求。在高校英语教学资源的开发中，应包含从基础语言学习到专业应用、从学术研究到日常交流的广泛内容，以满足不同学习者的需求，支持他们在不同阶段和场合下的学习和应用。结构体的开放性则是指教学资源的构建应具有高度的灵活性和扩展性，能够适应教育技术的发展和学习需求的变化。资源结构应设计为模块化和系统化，便于定期更新和扩充，同时支持多样的交互方式，以实现资源的最大化利用和共享。例如，一个开放的高校英语教学资源平台应该允许不断加入新的学习模块和活动，支持用户根据自己的学习进度和兴趣选择内容，同时促进学生之间以及学生与教师之间的互动和交流。遵循开放共享原则不仅可以促进教学资源的创新和优化，还可以为满足多元化的教学和学习需求提供有力支持。实施开放共享原则可以更好地实现教育资源的共享利用，促进教育公平和教学效果的提升。

三、信息化资源在高校英语教学中应用的影响因素

随着信息技术的迅速发展以及与教育领域的深入融合，信息化资源已成为现代教学不可或缺的组成部分。要有效地将这些资源融入高校英语教学实践，需要考虑多种因素的影响，主要包括信息化硬件基础设施

建设、信息化教学资源的开发与利用、教师的信息化素养、学生的信息化素养，以及政策规章及经费支持，如图4-4所示。这些因素相互作用，决定了信息化资源在高校英语教学中的应用效果和广度，深入了解这些影响因素可以更好地帮助人们规划和实施信息化教学策略，优化教育资源的利用，促进教育质量的提升。

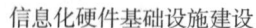

图 4-4　信息化资源在教学中应用的影响因素

（一）信息化硬件基础设施建设

信息化硬件基础设施不仅是实现信息化教学的物理基础，还是提升教学质量和效果的关键因素。硬件基础设施的配置、性能和维护状况直接影响信息化资源的可访问性、稳定性和实用性，决定了教学信息化的实施效果。具体而言，首先，从功能性角度考虑，高效的硬件基础设施能够支撑各种教学应用的运行，保障视频、音频和交互式内容的流畅展现。例如，高速的计算机处理器、充足的存储空间和高清的显示设备对于实现复杂的多媒体教学和虚拟现实体验至关重要。其次，硬件基础设施的普及程度和分布均衡性直接影响教育信息化的普及率和公平性。在硬件资源充足的地区或学校，学生和教师能够更频繁、方便地接触和利用信息化教学资源，这促进了教学方法的多样化和教学质量的提升；相反，硬件资源不足的地区或学校或多或少面临着信息化教学资源的获取和使用障碍。再次，硬件基础设施的可持续性是评估其效用的重要标准。随着信息技术的快速发展，新型教学工具和资源不断涌现，这就需要相应的硬件支持。因此，硬件基础设施需要具备良好的扩展性和兼容性，以便适应新技术的应用，确保教学资源的持续更新和优化。最后，定期的维护和升级是确保硬件基础设施长期有效运行的关键，这不仅能降低长期成本，还能提高教学活动的稳定性和连贯性。总之，合理规划和投资硬件基础设施不仅直接影响信息化教学的质量和效果，还对促进教育公平、实现教育可持续发展具有重要意义。因此，在教育信息化的规划和实施过程中，应充分重视硬件基础设施的建设和优化，以确保教学资源的有效应用和教育目标的实现。

（二）信息化教学资源的开发与利用

在高校英语教育信息化的进程中，信息化教学资源直接关系信息化教学的质量和深度，是影响信息化应用的重要因素。这些资源包括数字教材、在线课程、互动学习平台、教育软件等，它们的有效整合和利用是实现现代教育目标的核心动力。这些信息化教学资源的质量、多样性和可访问性构成了评估英语教育信息化成功与否的重要标准。具体而言，信息化教学资源的质量是影响其有效性的首要因素。高质量的信息化教学资源应具备准确的内容、适宜的教学设计、友好的用户界面以及可靠的技术支持。例如，在高校英语教学中，数字教材和在线课程需要包含准确的语言知识、符合学生认知水平的教学活动，以及促进学生参与和交互的功能。高质量的资源能够更有效帮助学生掌握英语语言，提高沟通能力。此外，多样性也是信息化教学资源的重要特征之一。在高校英语教学中，信息化教学资源应涵盖广泛的语言技能训练、文化背景知识、学术研究和实际应用等方面，以适应不同学生的需求。多样化的资源可以提供多种学习路径和方式，满足学生个性化的学习需求，增强学生学习的动机和兴趣。可访问性是决定信息化教学资源能否被有效应用的一个关键因素。资源的可访问性不仅涉及技术层面的网络连接和平台支持，还包括经济层面的成本考虑和社会层面的使用门槛。确保所有学生和教师都能够方便、公平地访问这些资源是实现教育信息化公平性和普及性的基础。此外，信息化教学资源的更新和维护至关重要。随着语言学习理论和教学方法的发展，以及科技进步的驱动，信息化教学资源需要定期更新，以反映最新的教育理念和技术发展。有效的更新和维护机制能够确保资源的时效性和持续性，提高教育信息化的整体效果。总之，信息化教学资源的建设和应用需要全面考虑资源的质量、多样性、可访问性以及更新和维护机制。提升信息化教学资源的质量、扩展资源的类型和范围、提高资源的可获取性，以及建立有效的资源更新机制，可以为英语教育信息化提供坚实的支撑，进而全面提升英语教学质量和效率。

（三）教师的信息化素养

教师的信息化素养是影响信息化资源在教学中应用的关键因素之一。它涉及教师对信息技术的了解和使用能力，主要包括操作技能、教学设计能力，以及利用信息技术进行教学创新的能力。教师的信息化素养直接决定了信息化资源在教学中的有效整合和应用，从而影响教学效果和学生的学习体验。具体而言，首先，教师的技术操作能力是其信息化素养的基础。只有熟练掌握了信息技术的操作技能，教师才能有效地使用电脑、平板、智能教学设备和网络资源，将这些工具和资源应用到教学活动中。技术操作能力的提升也能增强教师对教学过程中可能出现的技术问题的应对能力，确保教学活动的顺利进行。其次，教师信息化素养包括将信息技术融入教学设计的能力。这要求教师不仅能够使用信息技术工具，还能够在教学设计中有效整合信息化资源，创造性地利用这些资源来优化教学过程和提高学习效果。例如，教师可以通过多媒体呈现、虚拟仿真、在线互动等手段提升教学的趣味性和互动性，促进学生的主动学习和深入思考。最后，教师信息化素养的高低影响着其对信息化教学理念的理解和接纳程度。具有高度信息化素养的教师更能理解信息技术在教学中的潜力和价值，积极探索和实践新的教学方法和模式，而信息化素养较低的教师可能对使用信息化资源持保守态度，难以有效利用这些资源来丰富和改进教学。综合来说，教师的信息化素养是实现教育信息化、提升教学质量和效率的关键因素之一。提升教师的信息化素养不仅需要加强技术培训，还需要促进教师理念的更新和教学模式的创新。提升教师的信息化素养可以更有效地将信息化资源融入教学，创造更加丰富、有效和互动的学习环境。

（四）学生的信息化素养

学生的信息化素养是影响信息化资源在教学中应用的一个重要因素。这一概念涉及学生对信息技术的理解、使用技能以及利用这些技术进行学习的能力。学生信息化素养的高低直接关系他们能否有效地利用信息化教学资源，从而影响学习效率和效果。首先，学生的信息技术操作技能是信息化素养的基础。在信息化教学环境中，学生需要具备基本的计算机操作技能、网络检索能力以及使用各种教育软件和平台的能力。例如，在英语学习中，学生可能需要通过在线词典查询单词、利用语言学习软件进行语音训练，或通过网络平台参与在线交流和合作学习。这些活动都要求学生具备相应的技术操作能力。其次，学生的信息化素养包括他们对信息技术在学习中应用的理解和评价能力。这意味着学生不仅能够使用信息技术，还能够理解信息技术在学习中的作用，批判性地评价信息的质量和可信度，并有效利用这些技术支持自己的学习过程。例如，学生应能大体辨别网络信息的真伪、选择合适的在线资源支持学习，以及有效地利用信息技术进行知识构建和问题解决。最后，学生的信息化素养还涉及他们使用信息技术进行创新和创造的能力。随着信息技术的发展和教育理念的变革，学生被鼓励通过信息技术进行探索性学习、协作学习和创造性表达。拥有高信息化素养的学生能够利用信息技术开展项目研究、创作多媒体作品、参与在线协作等，从而更加主动和创新地参与学习过程。总之，提升学生的信息化素养是实现教育信息化目标的关键环节。这不仅需要学校提供技术培训和学习支持，还需要教育者引导学生理解信息技术的学习价值，鼓励学生探索和创新。而提高学生的信息化素养可以更好地利用信息化资源来优化学习过程，提升学习效果，培养学生面向未来的关键技能。

（五）政策规章及经费支持

政策规章及经费支持是教育信息化发展的关键推动力，它们从宏观和微观层面共同塑造信息化教学的实施环境。在这个框架下，学校、地方和国家等多个层面的政策和资金投入成了促进或限制信息化资源应用效果的重要因素。在学校层面，制定和执行针对信息化教育的内部政策是基础，包括设立明确的信息化教育目标、制定技术标准、保障教师培训以及学生信息化素养的提升等。学校需要通过规章制度确保教师和学生能够充分利用信息化资源，如提供足够的计算机课时、鼓励使用在线学习平台和数字图书馆等。同时，学校的经费支持对于购置更新硬件设施、开发或采购优质的教学软件和资源，以及实施教师的信息技术培训至关重要。学校还需关注经费的持续投入，以保持信息化教育资源的现代化和有效性。在地方层面，政府的教育部门应制定具体的信息化教育政策，为学校提供指导和支持，包括推广信息化教育的最佳实践、提供技术和教学资源的共享平台、确保网络基础设施的覆盖和质量，以及监管和评估信息化教育的进展情况等。地方政府的经费支持应专注建设和优化地区内的教育信息化基础设施，如提高宽带网络的覆盖率和速度、支持学校信息化设备的更新和维护，以及资助地区内的信息化教育项目和研究。在国家层面，政策规章及经费支持应更加宏观和全面。国家政策规章应旨在构建支持性的环境，推动信息技术在教育领域的广泛应用，鼓励创新和研发新的教学技术和资源。国家层面的经费投入对于促进教育信息化的研发、实施国家级的教育技术项目，以及支持教育信息化基础设施的建设至关重要。此外，国家政策规章应促进教育信息化资源的公平分配，确保各地区和各层次的学校都能受益于教育信息化的成果。总之，政策规章及经费支持在不同层面上对信息化资源在教学中的应用产生了深远影响。确保政策规章的指导性和经费的充足性可以有效推动教育信息化的发展，促进教学资源的现代化，提升教育质量和效率。因此，构建一个全面、协调和可持续的政策规章及经费支持体系是实现教育信息化目标的关键推动力。

第三节 信息化背景下高校英语思维构建

在信息化时代，高校英语教学面临着前所未有的变革和挑战。本节将深入探讨在这一背景下，如何构建符合时代要求的英语思维，特别是转向"3T素养"思维、创造性思维、艺术化思维以及个性化思维，如图4-5所示。这些转变不仅反映了教育领域对信息化时代需求的响应，还代表着教育理念和教学实践的重大转型，旨在培养能够适应快速变化世界的全面发展的人才。

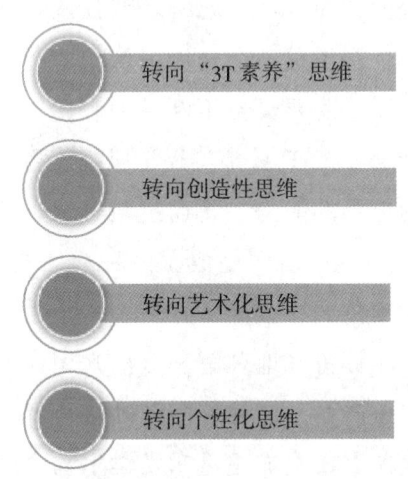

图4-5 信息化背景下高校英语思维构建方向

一、转向"3T素养"思维

国际上有一种英语启蒙法——"3R"。它强调英语启蒙的关键在于Rhythm（节奏）、Rhyme（韵律）、Repetition（重复性），在很长一段时间内被视为英语教育的基石，被认为是获取知识、培养逻辑思维和沟通能力的基本途径。随着社会进入信息时代，知识的获取、处理和传递方式发生了革命性变化，注重"3T素养"——技术运用（Technology）、团队协作（Teaming）、迁移能力（Transference）——的教育越发受到人们的重视。技术运用强调的是个体应对快速变化的技术环境的能力，不仅仅是使用技术的技能，更重要的是理解技术的原理，能够创新地将技术应用于解决问题的过程。团队协作能力则反映了现代工作环境中协作的重要性，强调的是跨学科、跨文化团队中的沟通、协调和共同解决问题的能力。迁移能力则是指个体将已学知识应用于新情境的能力，它要求个体能够在不同领域间迁移和应用知识与技能，以创造性地解决问题。

在信息化背景下，教师等教育者的思维应从"3R素养"思维转向"3T素养"思维，这种转变不只是教学方法和技能层面的更新，更代表了一种深层次的思维和价值观的转变，是对教育目标和方法的根本性重新思考。首先，在价值方面，这种思维转变强调了教育的实用性和适应性。在信息化社会中，知识更新的速度极快，单一的知识或技能可能很快变得过时，因此，学生需要具备不断学习和适应新情境的能力。这正是"3T素养"所强调的，"3T素养"教学思维能更好地培养学生面对实际环境与快速变化的世界的能力，而通过培养学生的"3T素养"，教育不再是孤立的知识传输过程，而是成了一种全面的、终身的学习过程，使学生能够适应不断变化的社会和工作环境。学生通过实际操作、团队合作和跨领域学习，能够更好地理解和运用知识，为未来的挑战做好准备。其次，在教学方法方面，这种转变鼓励教育者采用更加互动和学生导向的教学方式。这种方式更加注重激发学生的主动性和创造性，促进学生全面发展。例如，采用项目式学习、翻转课堂等教学模式不仅能提高学生对学习的兴趣和参与度，还能培养他们的独立思考和团队协作能力。再次，在评价体系方面，这种思维转变意味着评价方式从单一的书面考试转向多元化评估，如实践项目、团队表现和个人应用能力等。这种多元化评价能更全面地反映学生的学习成果和能力发展，有助于教育者更精准地指导和帮助学生。最后，这种思维上的转变还促进了教育的

第四章 信息化背景下高校英语教学思维与教学模式创新

个性化和多样化，可以更有效地激发学生的潜能，促进其全面发展。通过强调技术运用、团队协作和迁移能力，教育能够更全面地培养学生解决实际问题的能力，更加注重发掘和培养学生的潜能，提供更多样化和个性化的学习路径，这样不仅能帮助学生发掘最大潜能，使他们更好地适应未来社会的需求，还能促进社会和教育的多样性和包容性，促进教育更加全面化地发展。总之，对教育者而言，从"3R素养"到"3T素养"的思维转变不只是教学内容和方法的更新，更是教育观念和价值观的深刻变革。这种转变强调了教育的未来导向性，促进了教育的个性化和多样化，有助于培养出更适应信息时代、具有创新精神和社会责任感的人才，对于个人和社会的持续发展具有重要意义。

二、转向创造性思维

在信息化背景下，社会和经济的发展呈现出前所未有的高速度和复杂性。这种变化的核心是信息技术的飞速发展，它不仅改变了人们生活和工作的方式，还重新定义了知识、创新和价值的获取和创造过程。因此，丢掉传统思维，转向创造性思维成为应对这一变化的关键策略。首先，信息化带来了知识更新的加速。在过去，知识架构可能需要数年才会发生重大变化，但在当前这个信息化时代，知识更新的周期大幅缩短。这种快速的知识更新意味着无论是个人还是组织都需要具备快速学习和应用新知识的能力，以保持其竞争力和社会适应性。因此，传统的基于记忆和重复的教学和学习模式，即维持性学习，已经无法满足现代社会的需求，现代社会需要创新性教学和学习思维，强调的不仅是教师教会学生现有的知识和技能，更重要的是让学生会学，即学会如何学习，具备自主获取新知识、解决新问题的能力以及主动学习的态度，尤其在迅速变化的技术和社会环境中。其次，信息化时代的特征之一是技术融合，不同领域的技术相互交叉和融合，催生了大量新产业、新业态和新模式。这种融合不仅在技术层面上促进了创新，还在思维层面上要求人们跳出传统的思维框架，进行跨领域的思考和创新实践。因此，创新思维在信息化背景下变得尤为重要，它鼓励个体和组织超越现有的知识和经验，探索与众不同的路径和解决方案。再次，信息化促进了经济全球化进程，这不仅增加了经济和文化之间的互联互通，还带来了更加激烈的国际竞争。在这样的环境下，单纯依靠传统的教育模式和思维方式已难以培养出符合目前需求的人才，要想维持长期的竞争优势，创造性思维才是打破边界、发掘新机会的关键。它能够保证个人、组织、国家在多元文化和全球市场的背景下保持竞争力，从而在全球竞争中保持领先地位。最后，当今时代，社会和经济问题的复杂性增加，例如气候变化、能源危机、网络安全等新挑战层出不穷。这些问题往往是系统性的，需要多学科、多领域的创新型人才。在这里，创造性思维起着至关重要的作用，它不仅帮助人们跨界融合知识和技术，还促使人们从更广阔的视角思考问题，寻找更有效的解决方案。教育作为未来人才培养的摇篮，也要适应这种变化，进行创新性思维的转变，这不仅是个人和教育适应这一时代变化的必然选择，还是推动社会进步和国家可持续发展的关键力量。

具体来说，要培养学生的创造性思维，需要注重培养学生三方面的能力：第一，创造性学习能力的一个核心要素是迅速、充分、有效地选择存储和获取所需信息，以及利用这些信息来解决问题。在信息爆炸的时代，这种能力变得尤为关键。它要求个体不仅能够处理大量信息，还能够从中筛选出有价值的内容，以及创新性地应用这些信息来解决实际问题。第二，创造性学习强调打破常规，重新组合知识和信息来创造新点子。这种思维模式鼓励个体超越现有的知识框架，探索未知领域，从而促进创新和发现。第三，创造性思维要促进个体的终身学习以及适应能力的发展和培养。在快速变化的社会中，个体需要不断学习新知识、掌握新技能、适应新环境。创造性思维使个体能够主动探索、快速适应变化，并且能够不断创新和发展。

三、转向艺术化思维

艺术化思维意味着要将英语教学视为一种艺术创作形式，意味着教

第四章 信息化背景下高校英语教学思维与教学模式创新

学过程以及学生能力的培养过程应被认为是一场付诸心血的精心的艺术雕琢和创作过程，其中教师扮演着艺术家的角色，而学生以及教学效果则是这一艺术过程中的共创者以及作品。在这样的教学观念下，每一堂课都被视为一件艺术品，需要教师用心设计、精心制作和呈现，以确保其具有深刻的教育意义和审美价值。具体而言，在艺术化的高校英语教学中，教师需要将艺术化思维融入教学设计的每一个环节。这不仅仅体现在使用新颖的教学材料和方法上，更重要的是要在教学过程中创造美感、情感和智慧的和谐统一。教师应当像艺术家一样，精心构思课堂布局，创造一个充满艺术氛围的学习环境，利用音乐、绘画、戏剧等艺术元素激发学生的学习兴趣和情感共鸣，同时促进他们语言技能的提高和文化素养的培养。在这个艺术化的教学过程中，教师与学生之间的互动也被赋予了新的意义。每一次师生互动都可以被看作一场即兴的艺术表演，其中充满了创意和灵感的火花碰撞。教师需要倾听学生的声音，观察他们的反应，根据学生的需求和反馈调整教学策略，使教学活动成为一个共同创作的过程。通过这样的互动，学生不只学习到语言知识，更在这一过程中体验到了美的感受和创造的乐趣。在艺术化的教学中，学生被视为具有独立价值和创造潜力的个体。他们的学习过程就像艺术作品的创作过程，充满了探索和发现的意趣。教师应当鼓励学生发挥自己的想象力和创造力，让他们在学习英语的同时，能够表达自己独特的思想和情感，培养审美感和艺术表现力。这样的教学不只能够提升学生的语言能力，更能够促进他们全面的个性发展。

总之，将高校英语教学视作艺术，要求教师在教学过程中不仅追求艺术性和审美价值，投入极大的热情与细致，避免粗制滥造或随意应对，而且强调教师应以匠心精神来雕琢每一课的教学内容和形式，使其成为兼具知识性和美感的教育作品。此外，将教学作为一种艺术形式也应致力促进学生的全面发展，不仅关注其学术成长，还要关注其情感、社会、道德和审美的成熟，确保教育活动在塑造学生知识结构的同时，能丰富学生的人文体验，促进学生的全面发展。这种教学观念不仅能够提升教学质量和学生的学习体验，还能够培养学生的创造性思维和审美能力，为他们未来的生活和职业发展奠定坚实基础。

四、转向个性化思维

在信息化时代，学生的个性化需求日益明显。首先，技术进步，特别是互联网和移动技术的广泛应用，极大地扩展了信息的获取渠道和学习方式，使学生可以根据自己的兴趣和需求，选择合适的学习资源和路径。这种技术环境的变化促使学生追求更加个性化的学习体验——他们希望教育内容和方式能够更贴近自己的实际情况，反映出个人的独特性和主体性。其次，社会背景的多元化和经济全球化进程加快，使学生面临的生活和学习环境更加复杂多变。在这样的背景下，传统的标准化教学模式难以满足所有学生的需求。学生来自不同的文化、家庭和社会环境，具有不同的学习背景、兴趣点和职业规划，这些差异性要求教育能够提供更加个性化的支持和引导，帮助学生实现个人价值和发展目标。此外，认识论和教育心理学的发展促进了个性化教育需求的增加。现代教育理念强调以学生为中心，认为每个学生都是独特的个体，具有独立的思考和学习能力。这种观点促使教育者更加关注学生的个性特点和内在潜能，推动教育从以教师为中心向以学生为中心转变。在这一理念的指导下，教育应该尊重学生的个性差异，采取差异化的教学策略，以促进每个学生的全面和个性化发展。随着新一代学生的成长，他们对于信息的获取和处理方式与前一代有显著不同。他们更习惯使用数字工具进行学习和交流，更倾向通过互动和参与的方式获取知识和技能。这种背景下的学生更加渴望教育能够提供个性化的学习体验，满足他们对于学习方式的特殊需求和期望。最后，现代社会对人才的需求正在发生变化。在快速发展的经济和技术环境中，社会需要的不仅仅是具有标准化知识和技能的人才，更需要具有创新能力、批判性思维和解决复杂问题能力的个性化人才。这种人才需求的变化反过来推动了教育领域对个性化培养的重视，使学生的个性化需求得以进一步增强。这些多重因素共同作

第四章　信息化背景下高校英语教学思维与教学模式创新

用,相互交织,共同推动了教育领域向更加个性化、差异化和学生中心化的方向发展。

在这种背景下,教师要转向并注重个性化教学思维。首先,教育的根本目的是促进学生的全面发展和个性的充分展现。每个学生都具有独特的学习风格、兴趣、能力和需求。传统的一致化教学模式无法完全满足学生的个性化发展,而个性化教学思维能够帮助教师更好地认识到学生间的差异,从而设计和实施符合学生特点的教学策略,最大限度激发学生的潜能,促进其个人成长和发展。其次,信息化时代的学习环境日益丰富和多元化。网络和数字技术的发展为学生提供了广泛的学习资源和平台,使学生能够根据自己的兴趣和节奏选择学习内容和方式。在这样的背景下,教师需要转变传统的教学观念,采用个性化的教学方法,以适应学生多样化的学习需求和习惯,确保教学内容和形式与学生的实际情况相匹配,提高教学的有效性和学生的学习满意度。再次,社会对人才的需求正从数量型转向质量型和创新型。现代社会需要的是能够独立思考、创新解决问题并且能够适应快速变化社会的个性化人才。这种需求的变化要求教育不再仅仅注重知识的传授,而是应更多地关注学生能力的培养和个性的发展。个性化教学思维恰恰能够促进教师关注学生的特点和能力,设计和实施有助于学生能力提升和个性发展的教学活动。此外,教育的国际化趋势要求教师采取个性化的教学方法。随着经济全球化的推进,学生需要具备国际视野、跨文化交流能力和全球竞争力。个性化教学能够根据学生的背景和需求,提供更加国际化和多元化的教学内容和环境,帮助学生建立全球意识,提升跨文化理解和交流的能力。最后,教育技术的快速发展为实施个性化教学提供了技术支持和可能。大数据、人工智能、自适应学习系统等技术的应用使教师可以更准确地捕捉学生的学习状态和需求,提供定制化的学习资源和支持,实现真正意义上的个性化教学。

第四节　信息化英语教学模式创新探索

一、信息化英语教学模式的内涵

信息化英语教学模式作为教育改革的产物，通过信息技术与英语课程内容的深度融合，重新定义了教学环境和方法。这种模式依托先进的信息技术，如计算机、网络和多媒体，支持学生的自主学习和情感激励，同时创新教学环境和方法，实现资源的优化利用和教学效能的提升，支持学生的全面发展。信息化英语教学模式的核心在于利用信息技术改变传统的教育方式和思维模式，以适应知识经济时代的需求。这种模式不只改变了物理的教学环境，如教室的数字化设施，更重要的是改变了教学的概念和过程。在这种模式下，教育过程变得更加灵活和动态，强调知识信息的即时传递和加工，以及学生对知识的主动建构和深入理解。在实践中，信息化英语教学模式通过整合多种教育技术手段和信息资源，为学生构建了一个促进主动学习、积极探索和创造性思维的学习环境，包括使用在线学习平台、虚拟实验室、数字图书馆、互动白板等工具，以及开展远程教学、协作学习和翻转课堂等教学活动。这些资源和活动的整合不仅丰富了教学内容，创造了多样化的学习情境，还激发了学生的学习兴趣和创新潜能。与此同时，教师在信息化英语教学模式中的角色发生了根本变化。他们不再是单向的知识传授者，而是转变为学习活动的组织者、学生学习的指导者和促进者。教师利用信息技术资源来设计和实施教学策略，同时促进学生间的互动和合作，帮助学生提高问题解决能力、创新能力和实践技能。然而，信息化英语教学模式的成功实施面临着一系列挑战，包括教育技术的更新换代、教师信息技能的提升、教学资源的有效整合和优化等。这些挑战要求教师不断进行专业发展和技术培训，同时需要相关政策的支持和资源的投入，以保证教育技术的有效应用和教学质量的持续提高。总的来说，信息化英语教学模式是传统教育方式与现代教育技术的结合，旨在创造一个有利于学生主动学习、创新思维和实践能力发展的教学环境，其不仅促进了教学方式的革新，而且为学生的终身学习和全面发展奠定了坚实基础。

二、信息化英语教学模式的分类

随着技术的飞速发展，信息化英语教学模式成为教学革新的重要方向，它涵盖了多种教学方法，以满足不同学习者的需求和适应不断变化的教育环境。按照教学目标和方法，这些模式可以分为个性化教导类、情境模拟类、调查研究类、课堂授课类、远程授课类和合作学习类，如图4-6所示。每种教学模式都有其特点和适用场景，它们结合起来构成了信息化英语教学的多元架构。

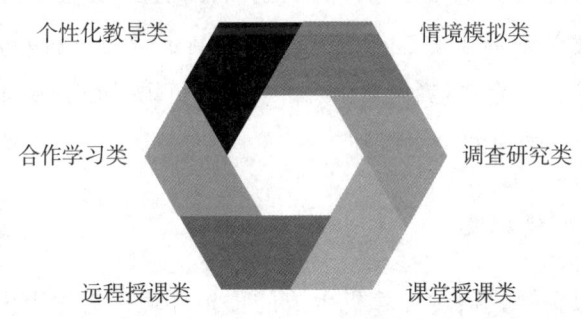

图4-6 信息化英语教学模式的分类

（一）个性化教导类

个性化教导类模式在高校英语教学中显得尤为关键，它依托信息技术的强大支撑，为学生量身打造学习方案。在这一模式下，计算机和智能辅导系统担当起传统教师的职责，依据学生各自的学习需求、能力和进度，为其提供精准的个性化辅导。其显著优点在于高度的结构化和教学内容的精确定制，使教学活动能紧密契合学生的个人学习特性，实现真正意义上的个性化教学。在这种模式中，传统的个别辅导通过信息化技术得以扩展和深化，不再受限于物理空间和时间。网络教育平台的虚拟教室为教师和学生提供了广阔的交互空间，使学生能够根据自己的兴趣和学习需求自由选择课程，安排学习时间和内容。这种自主性的增强不仅使学习过程更加灵活多样，而且让学生能够更加主动地参与学习，充分发挥个性化学习的优势。个性化教导类模式的实践依靠的是先进的信息技术，如智能辅导系统、自适应学习平台等。这些技术工具可以细致捕捉学生的学习行为和效果，并据此自动调整教学计划和方法，提供个性化的学习建议和资源。在这一过程中，教师转变为引导者和协助者的角色，通过网络交流工具与学生进行沟通，为学生提供必要的指导和支持，帮助学生克服学习难题。在英语学习场景中，个性化教导类模式显得尤其重要。鉴于语言学习的特殊性和个体间的学习差异，该模式能够为学生提供专属的学习计划，满足他们在词汇、语法、听力和口语等方面的个性化学习需求。这种方式不仅提高了学习的针对性和有效性，还使学生能够在适合自己特点的环境中进行英语学习，从而在个性化的路径上实现语言能力的全面提升。

（二）情境模拟类

情境模拟类模式通过计算机生成的虚拟环境，为学生提供多感官体验的虚拟现实环境和空间。例如，利用虚拟现实技术，学生可以佩戴电子头盔和手套，深入体验各种互动式场景，参与英语模拟游戏、微型英语世界探索或虚拟实验室等活动来学习和实践新知识。这种模式仿佛将学生置于一个真实的英语使用环境中，不仅覆盖了视觉和听觉，还可能模拟触觉和嗅觉，使学生的学习体验极其接近真实情境。情境模拟类模式为学生提供的这种深入的感官体验对于语言学习尤为重要，因为语言不只是文字和声音的传递，更是一种文化和情感的表达。通过情境模拟，学生可以更自然地使用英语，加深对其文化背景的理解和认知。这种模拟的实践活动安全而逼真，经济高效，极大地提高了学习的吸引力和实践效果。相比其他教学模式，在情境模拟类模式下，教师的角色转变为创造和维护模拟环境的设计师,而学生则成为自主探索和实验的主体。这种学习方式不需要过多的指导和解说,学生可以在简单的操作指引后,自行在虚拟环境中进行探索和实践,同时这个过程不仅安全,而且能有效促进学生自主学习能力和问题解决能力的提升。此外,这种模拟的情境具有高度的可操纵性和可建构性,使学生能够在一个安全无风险的环境中进行尝试。这不仅增加了学习的趣味性和实践性,还促进了学生问题解决能力和创新思维的发展。因此,情境模拟类模式特别适用于那些需要复杂操作或实践操作的学习情境,如在英语教学中模拟真实的语言使用环境,让学生在交流和互动中提升语言技能。

(三)调查研究类

调查研究类模式侧重利用计算机作为信息资源和检索工具的平台,支持基于资源的学习、案例学习和探究性学习。在这种模式下,学生根据自己的兴趣选择专题,拥有自主选择学习内容、自行安排学习进度和方式的自由度,被鼓励采用主动探索的学习方式,自行查找、分析和利用信息来解决问题,以提高综合素养和学术研究能力。同时,在自主研究过程中,学生不仅需要独立探索和分析信息,还需要与其他学生一起讨论问题、交换意见,协同完成项目,以培养团队协作和沟通实践的能力。这种教学模式的特点是低结构性,应用灵活,并且这样的学习方式可以极大提升学生发现问题和解决问题的能力,培养他们科学和批判性的思维方式。同时,这种协同工作的过程加强了学生之间的沟通和协作,激发了他们的创新意识和创造力,为他们进行更高层次的认知活动奠定了基础。

(四)课堂授课类

课堂授课类模式在高校英语教学中的应用表现为一种将信息技术与传统教学方法相结合的教学策略。这种模式不仅包括使用电子讲稿、情境演示和课堂信息处理工具来辅助教学,而且强调通过小组讨论和课堂作业来增强课堂的互动性和学生的参与度。这种模式的核心优势在于能够有效结合传统教学与现代技术，提高教学的吸引力和学习效果。在课堂授课类模式中，信息化教学的应用使教学资源变得更加丰富多样，教学过程也更加多元化和互动。例如，在高校英语教学中，教师可以利用多媒体和网络资源展示生动的语言使用场景，让学生通过视听的方式更加直观地理解和掌握英语知识。这种多媒体的教学方式不限于传统的文字和图像，还包括声音、视频等多种形式，使学习内容更加生动有趣，提高了学生的学习兴趣和参与度。

这种教学模式可以分为以下两种：一是同步式讲授模式。该模式通过多媒体演示和实时互动，使课堂教学更加形象生动和富有吸引力。在这种模式下，教师在课前需要准备丰富的教学材料，这些材料的多样性直接影响课堂的质量和效果。在课堂上，教师主要通过计算机多媒体演示来展示这些材料，并结合实时互动环节，激发学生的学习热情，增强学习的实效性。特别是在一些需要展示文化背景或语境场景的英语教学中，同步式讲授可以提供更加生动和真实的学习体验。二是异步式讲授模式。该模式更加强调学习的自主性和灵活性。教师将教学内容制作成多媒体材料，如录制的视频课程、在线教学资源等，并上传到网络平台，供学生按需访问和学习。这种模式下的学习不受时间和空间的限制，学生可以根据自己的进度和时间安排进行学习。同时，异步式讲授支持学生通过电子邮件、论坛或其他在线交流工具与教师进行互动，解决学习过程中的疑问和困难。这种灵活的学习方式在一定程度上促进了学生自主学习能力和批判性思维能力的发展。总体而言，课堂授课类模式通过与信息技术的融合，极大地丰富了教学资源和手段，增强了教学的互动性和学生的参与度。无论是同步式讲授还是异步式讲授，都能够为学生提供更加多样化和个性化的学习体验，促进学生英语能力的提升。

（五）远程授课类

远程授课类模式在英语教学中表现为通过网络平台进行的教学活动，

包括实时在线课程、异步学习资源访问、在线作业提交和虚拟小组讨论等。这种模式使英语学习不再受地理位置的限制，学生可以接触到全球各地的英语教学资源和教师。远程授课类模式强调了学习的灵活性和可及性，支持学生根据自己的时间表进行学习，同时通过网络互动增强了学习的互动性和实时性。例如，在虚拟教室中，学生可以实时与教师和同学交流，参与在线讨论，从而提高语言实际应用能力和跨文化交际能力。

（六）合作学习类

合作学习类模式在英语教学中体现为通过计算机和网络支持的协同学习活动，包括虚拟学习小组、协同实验室和在线论坛等，学生可以在这些平台上与其他学习者共享资源、讨论问题并共同完成项目。这种模式鼓励学生在学习英语过程中发展团队合作能力和沟通技巧，同时学生能够从不同文化背景的同伴那里获得新的视角和理解。例如，通过虚拟学伴和在线社区，学生可以在真实的语言使用环境中实践英语，在增进语言技能的同时了解多元文化。

三、信息化背景下高校英语教学模式创新构建

（一）"333"教学模式

"333"教学模式是章军伟、张强提出的一种信息化视域下多层次、多形式的教育策略，旨在运用信息化技术有效地补偿学生的学习差距。[1]笔者对该模式进行了调整，认为该模式也可以用于课堂教学。"333"教学模式的核心在于通过三类教学活动（全员活动、小组活动和个别活动）、三个教学层次（全员化的基础知识学习、小组活动的共性问题学习、个别针对性辅导学习）以及三个关键教学步骤（精准定位、精准推

---

[1] 章军伟，张强.高中英语"333"信息化补偿教学模式研究[J].中小学数字化教学，2024（1）：51-55.

送、精准评价）来实现个性化和精准化的学习和知识补习，如图4-7所示。这种模式特别适用于解决学生之间知识掌握程度的差异，优化教学效果，并促进学生全面发展。在实际的实施过程中，这三个层次是环环相扣、交叉进行的，共同推动学生学习。

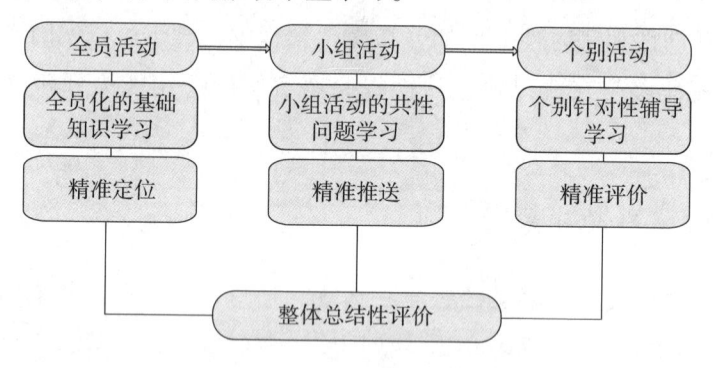

图4-7 "333"教学模式架构

1. 第一层次：全员化的基础知识学习

精准定位是全员学习背景下的第一个教学步骤，旨在通过详细分析学生的学习情况，为学生量身定制教学计划。在这一步骤中，教师需要对学生进行深入的学情分析。例如，在高校英语听力教学中，教师可以利用技术平台来调查学生的听力能力和知识掌握情况。通过设置覆盖如细节理解、主旨把握和推理判断能力等各类听力技巧的测试，教师可以利用平台的数据搜集和分析功能来评估学生对这些技能的掌握程度。系统自动生成的分析报告和错题集会揭示学生在听力理解方面的共性错误和个性差异，如区分事实和意见的能力差异，以及理解对话中隐含信息的能力习得情况。然后，基于这些数据，教师可以为学生制订个性化的学习计划。例如，针对在理解长对话和讲座中关键信息上的共性错误，教师可以着重将这部分内容进行加强训练，设计针对性的听力训练活动，如分段听写、关键词标记和主题归纳等，强化学生的听力分析能力和信息提取能力。全员化的基础知识学习的目的在于进行地毯式的知识普及以及筛查，不仅明确了教学目标，能够在短时间内解决共性问题，还能够使接下来的教学计划和安排更加具有针对性，更加符合学生的实际需

第四章　信息化背景下高校英语教学思维与教学模式创新

求，在这个过程当中，信息化的技术手段帮助提高了教学效率和效果。

第二个教学步骤就是精准推送。在细致的问卷调查和学习分析基础上，教师可以采取"双轨"策略来实施精准推送。首先，针对班级层面的共性问题，教师可以制作涵盖关键概念和基础知识的教学视频，如针对常见的语法误区进行讲解。这些视频及相应练习通过在线平台同步推送给全班学生，确保每个学生都能够在自己的学习路径中补充必要的基础知识。其次，对于个体学生，教师可以依据学生各自的学习状况和需求，将具有共同方面困难的学生进行分组，然后在分到第二层次的小组学习中进行学习。

在全员学习背景下，精准评价是对学生学习成效的细致和及时反馈，这一过程重点关注学生的整体进展和对基础知识的掌握情况。精准评价的实施以形成性评价为核心，这种评价方式关注的是学生在学习过程中的表现，而不仅仅是最终的成绩。教师利用教育技术平台实时监控和分析学生的学习数据，包括学生线上课程的参与度、课后练习的完成质量和参与在线讨论的活跃程度等方面。通过这些数据，教师能够对学生的学习过程进行全面监控，并在适当的时候提供反馈和评价。为了鼓励学生的积极性和进步，教师可以采用激励措施，如对于那些表现出色或进步明显的学生给予奖励。这种正向的反馈机制不仅可以增强学生的成就感，还可以激发他们继续努力学习的动力。此外，通过平台的智能检测功能进行的知识掌握测试可以作为精准评价的一部分，帮助教师和学生更准确地了解学习效果。这种测试结果有助于进行第二轮精准定位，从而为学生的持续学习和改进提供数据支持。

2.第二层次：小组活动的共性问题学习

在全员基础学习阶段的基础上，教师要根据第一层次的课程的学习数据和测试结果，以及第一阶段的评价来评估学生的学习状况，并进行筛查，如果发现还有学生不能掌握某个知识点的知识或技能，可以将具有共同问题的学生分为一个小组，进行第二层次的小组化共性问题学习。

教师根据小组的共性问题，定制学习材料的精准推送，如录制专门针对这些问题的英语教学视频。例如，一个小组的共性问题是理解和使用时态，教师可以录制关于英语时态的讲解视频，然后通过信息化工具推送给该小组。小组成员可以在小组讨论中观看视频，完成相关的练习题，并互相帮助解决疑惑。这种方法不仅能促进学生间的互动和协作，还能加深他们对英语知识点的理解和掌握，鼓励他们按照自己的进度进行学习。完成小组学习活动后，教师通过智能测试功能对学生的学习效果进行评估。在高校英语教学中，这种评估可以包括对学生在特定语言技能上的掌握程度的测试，如通过在线模拟测试来评估学生的听力或阅读理解能力。测试结果可以帮助教师了解每个小组成员的学习进展，并为每个学生提供针对性的反馈和进一步的学习建议。这样，教师可以更精确地为学生的后续学习活动定位，确保每个学生都能在其弱点上获得改进，从而提高整体的学习效果，增强学生的自我管理能力和学习动力。

3. 第三层次：个别针对性辅导学习

在个性化个别辅导层次中，教育过程和步骤要更加注重个体学生的需求，通过第三次精确定位、第三次精确推送和第三次精确评价步骤来实施具有高度的个性化和目标导向的教学。第一步，个性化精准定位。教师首先需要根据小组学习的反馈信息和数据，对学生进行细致的个性化定位。特别是针对那些在小组学习中仍显示出学习难点或主动性不强的学生，教师可以通过分析他们的互动记录、作业提交情况和小组活动的参与度来识别具体的学习问题。在这个过程中，信息化技术如学习管理系统能够提供详尽的数据，帮助教师准确把握每个学生的学习状况和需求。第二步，个性化精准推送。根据定位结果，教师可以为每个学生制定和推送个性化的学习资源和活动，以补充其知识和技能上的不足。例如，在英语语法学习中，如果一个学生在使用过去完成时的句子结构中遇到困难，教师可以为该学生提供专门的练习材料和视频讲解。通过智能教学平台，这些个性化的学习资源可以直接发送到学生的账户中，确保学生能够接收到这些学习资源，并在适当的环境中进行学习。第三步，个性化精准评价。在个别辅导活动结束后，教师需要通过终评性测

第四章　信息化背景下高校英语教学思维与教学模式创新

试来评估学生的学习效果。教师可利用信息化技术，如在线测试工具，进行更加精确和全面的评价。这些测试不仅能够衡量学生在特定知识领域的掌握程度，还能够评估他们的应用能力和问题解决能力。测试结果成为总结性评价的重要组成部分，为教师提供了重要反馈，帮助教师了解个别辅导的效果，并为学生未来的学习方向和策略提供指导。通过这三个步骤，个性化个别辅导层次能够针对每个学生的具体情况，提供精准的教育支持，利用信息化技术有效地弥补学生的知识和技能缺失和差距，促进学生的全面发展。

4.整体总结性评价

在完成了全员学习、小组共性问题学习和个性化个别辅导的三个层次后，教师对学生的学习情况进行最终的整体性总结评价是必要的，有助于全面了解学生的学习成效并对其学习过程进行全面回顾。首先，教师需要搜集和分析学生在整个学习层次过程中的数据，包括但不限于参与度、作业完成情况、小组讨论活动的贡献度以及个别辅导的反馈，教师可以使用信息化软件将这些数据量化，并根据预先设定的评分规则进行加权处理，以确保每个方面的表现都被公正地考量。其次，教师将这些加权后的分数与学生在最终的项目测试中的成绩进行整合。这种综合评价通常采用1:1的比例，即将过程评价和结果评价平等重视，以确保评价结果既反映学生的学习过程，也反映其学习效果。这样的综合评价方法可以更全面地反映学生在整个学习周期内的表现。最后，总结性评价将综合反映学生在基础知识掌握、共性问题解决和个性化学习进展中的整体表现。这个评价结果不仅对学生是一种反馈，让他们了解自己的学习成就和需要改进的地方，还为教师提供了宝贵信息，帮助他们评估教学策略的有效性，并为未来的教学和学习提供指导。这种全面的评价机制有助于实现教育的目标，即确保每个学生都能在其学习旅程中取得持续和全面的进步。

"333"教学模式体现了现代教育的多样化和个性化趋势，通过层层深入的教学设计，有效地促进了学生的学习和发展。这种模式不仅能够确保学生基础知识的全面掌握，还能够针对不同学生的学习需求提供个性化支持，从而大幅提升教学的有效性和学生的学习成效。因此可以说，"333"教学模式是一种高效、全面且适应性强的创新性教学方法。

（二）SPOC模式

SPOC（Small Private Online Course）是一种在线教育模式，意为小规模个性化在线课程，源于对慕课MOOC（Massive Open Online Course）的进一步发展和优化，是一种紧密结合现代教育个性化需求与信息技术的教育创新模式。

慕课MOOC中的M（Massive）和O（Open）不仅意味着这些课程对所有人开放，可以容纳成千上万的学生同时在线观看，还意味着课程的"大"与"多"，即慕课通常涵盖广泛的主题和学科，从文科到理工科，可以满足不同学习者的需求。并且由于是网络资源和网络课程，学习者可以根据自己的时间自主安排学习，不受地理位置限制，论坛、同伴评审等方式则增加了慕课的互动性。但是由于规模庞大，慕课往往难以为每个学生提供个性化的学习支持和反馈。因此，SPOC应运而生。SPOC与慕课相比，虽然也是一种在线课程、在线课堂，但是更加专注提供针对性和互动性强的教学体验，以适应更小范围内学生的具体需求。它通过缩小教育规模和提高教育的私密性，来解决慕课在个性化教学、学习效率以及学术诚信方面不足的问题。并且SPOC强调在有限的规模内，为学生提供更加定制化的学习体验，确保教育内容的深度和质量，同时增强教师与学生之间的互动和交流。此外，SPOC模式非常灵活，它可以采用混合型学习方法，在线学习与面对面学习结合起来使用。SPOC在线学习部分使学生可以自主控制学习进度，随时随地访问课程资源，这样的灵活性对于促进学生自主学习非常有益；面对面学习部分则侧重加强师生互动，促进学生间的讨论与合作，增强学习的社会化和参与度。这种混合学习模式不仅有助于学生理论知识的学习，还有利于学生实践技能的培养。在内容和资源配置方面，SPOC模式强调教学资源的个性化和本土化，使课程内容更贴近学生的实际需求和文化背景。通过对慕课内容的筛选和调整，SPOC能够为特定学生群体提供更加精准和高效的学习材料。此外，在SPOC模式下，教师可以根据学生的反馈和学习进度，灵活调整教学策略和资源，从而实现真正意义上的个性化教学。教学评价在SPOC模式中同样重要。它一般采用线上和线下相结合的评价方式，不仅关注学生的学习效果，还重视学习过程中的表现和进步。这种综合评价机制有助于全面了解学生的学习状况，指导教学策略的调整和优化。

信息化技术平台在SPOC模式中扮演了关键角色。它不仅支持高效的课程管理和资源共享，还为教师和学生提供了丰富的互动工具，如在线论坛、实时反馈系统和个性化学习追踪工具等。这些技术手段有助于提升学生学习体验的质量，促进知识的深层理解和应用。总之，SPOC模式通过小规模化、个性化和高互动性的教学设计，可以有效提升教育质量和学习效率。它在继承慕课教学优点的基础上，针对其不足进行了有效改进，从而更加符合现代教育的发展趋势和学习者的个性化需求。采用SPOC模式可以实现教育资源的优化配置，提升教育过程的参与度和效果，为学生提供更加丰富和深入的学习体验。

（三）混合教学模式

混合教学模式，也称为Blended Learning，或"混合学习"，是一种允许教育者根据教学目标和内容需求灵活组合两种或多种教学模式的教学方式。组成混合教学模式的单模式既可以是传统教学方式，也可以是现代化多媒体技术的教学方式。混合教学模式的核心优势在于高度的适应性、延展性、定制性，能够依据具体的教学场景和学生需求，选择合适的教学方法组合，有效地促进教师的指导与学生的自主学习，进而全面提升学生的语言应用能力。一方面，混合式教学可以将传统的面对面教学与信息化教学相结合。在这种模式下，教师可以在课堂上进行核心概念的讲授和讨论，同时，利用在线平台为学生提供额外的学习资源，如视频讲座、互动测验和在线论坛，以支持学生的自主学习。这种结合方式既保留了面对面教学的直接交流和即时反馈优势,又扩展了教学的时间和空间界限,增加了学习的灵活性和可达性。另一方面,混合式教学可以在多种在线教学模式之间进行结合。例如,将同步的在线直播课程与异步的网络课程材料结合起来。学生可以实时参与在线直播,与教师和同学进行互动交流,同时可以根据自己的学习进度,在线访问课程录像、阅读材料和完成练习。这种在线教学模式的结合不仅提高了教学的灵活性和互动性,还满足了不同学习风格和需求的学生。总体来说,混合教学模式的优点主要体现在以下四个方面:第一,灵活性。混合教学支持教育者根据课程目标、学生需求和资源可用性,灵活选择和组合不同的教学方式,为学生提供更加个性化的学习体验。第二,效率性。通过整合线上和线下的教学资源,混合教学能够有效利用各种教学媒介和工具,提高教学效率和学习效果。第三,互动性。混合教学模式鼓励学生参与线上和线下的互动,能够增强学生的参与感和学习动机。第四,实用性。这种模式能够将理论教学与实践活动结合起来,使学生能够在实际情境中应用所学知识,增强学习的实用性和生活化,有效促进学生的全面发展和实践应用能力。

(四)云课堂模式

云课堂作为一种紧随云计算技术发展而兴起的新型教育模式,代表了数字化学习空间的一次重要演进。这种课堂模式充分利用云计算和大数据技术,实现了教育资源的高效共享与教学活动的创新。云课堂支持众多用户同时在线学习,能够快速获取和分享学习材料,并对学习数据进行深入分析,并且支持多种设备接入,极大地促进了教育的现代化和信息化,尤其在支持移动学习和远程教育方面展现出显著优势。通过移动互联网环境构建教学云平台,可以实现既支持即时的教师与学生互动,又能对教学和学习行为进行统计和分析,提供定制化的学习内容和灵活的学习方式。在评估和管理学习过程方面,基于移动云平台的教学能够实现更加精准和及时的教学效果评估。通过云平台的数据分析功能,教师可以实时监控学生的学习进度、参与度和理解程度，及时发现问题并进行干预。这种实时的数据反馈机制不仅可以帮助教师优化教学计划和策略，还可以让学生及时了解自己的学习情况，进行自我调整和改进。基于移动云平台的混合教学模式对于促进教育公平具有重要意义。通过这种模式，教育资源的获取不再受地理位置的限制，学生无论身在何处，都可以通过互联网访问到高质量的教育资源。这对于提高偏远地区和经济条件较差地区的学生的教育机会具有积极影响，有助于缩小城乡和区域之间的教育差距，促进教育公平。

云课堂的高效运作依赖稳定的网络环境和先进的技术支持。采用云课堂方式开展教学，在网络不稳定或技术设备缺乏的情况下，可能影响教学活动的顺利进行。虽然云课堂提供了灵活的学习方式，但需要学生具有较强的自我管理能力和学习自律性。对于缺乏自律的学生，这种形式可能影响他们的学习效率和效果。教师要采取有效措施，避免学生在课堂上玩手机、注意力涣散等问题，提高学生的课堂参与度和专注力。因此，在实施以云课堂为基础的模式创新时，需要综合考虑多种因素，采取相应措施来最大化其优势，同时尽量减少潜在的不利影响。

第五章 模块化理论下高校英语教学思维与教学模式创新

第一节 模块化理论与模块化教学模式概述

一、模块化教学理念概述

模块化教学是一种基于"模块"概念的教学设计，其命名灵感源于航天领域，本义指的是太空船或航天器的一部分，这些模块可以独立进行设计、测试和维护，每一个模块可以作为组件之一，通过标准化的接口组合成一个完整复杂的系统，同时能够从主体中分离出来保持独立。于是，"模块化"便由此产生，指的是将复杂的系统分解为多个小的、功能单一的部件或模块。当这个概念被引入教学领域时，它也被赋予了相似的含义，指的是将教学课程内容分解为多个可以独立进行学习的单元或部分，或将学科知识划分成多个独立的知识点，这些单元、知识点模块看似独立，却可以按照它们的内在逻辑被组织成相对复杂的组合和更大的单元。在实际教学过程中，教师可以根据不同的教学需要，将这些教学模块或单元按需组合，通过这种方式来灵活地更新和调整教学内容。模块化教育模式主要发展成两大流派：能力本位教育（Competency-Based Education, CBE）和模块式技能培训（Modules of Employable Skill, MES）。能力本位教育强调以学生的知行能力为基础，设计教学模

第五章 模块化理论下高校英语教学思维与教学模式创新

块，目的是确保学生能够掌握必要的知识和技能，以达到特定的职业或学术标准。这种模式下的"能力模块"侧重培养学生的实际操作能力和问题解决能力。模块式技能培训则以技能培训为核心，旨在提供与就业市场需求直接相关的技能教育。这种模式强调技能的实用性和应用性，通过模块化的课程设计，使学生能够快速有效掌握职业所需的具体技能。

在我国，对模块化教学的研究和应用始于20世纪90年代。随着教育改革的深入和市场经济的发展，模块化教学逐渐在高等教育中得到推广和应用。在高等教育的实践中，模块化教学被广泛应用于各类课程和专业中，通过将课程内容划分为若干模块，使教育更加注重学生的能力培养和实际应用。同时，模块化教学促进了教育资源的优化配置和利用，提高了教育质量和效率。对英语学科而言，自20世纪90年代以来，模块化教学在高校英语教学中得到了广泛应用。这种教学方法借鉴了系统论的整体观念，将高校英语教学内容划分为多个模块，旨在通过整合各个部分来优化教学效果，实现对学生英语能力的全面提升。在这种模块化英语教学中，课程内容被细分为三大类模块：知识模块、技能模块和拓展模块，如图5-1所示。每个模块都专注特定领域的教学，以促进学生在该领域的深入学习和理解。

图5-1 模块化理论下的英语教学

（一）知识模块

知识模块主要包括语音、词汇和语法三个子模块。语音模块旨在提高学生的发音质量和听力辨识能力,词汇模块致力扩大学生的词汇量和提升词汇使用的准确性,语法模块则关注教授和强化语法规则的理解和应用。通过这种细化的模块设计,学生能够有针对性地学习和巩固英语基础知识,为进一步提升英语应用能力打下坚实基础。

(二) 技能模块

技能模块涵盖听说、阅读、写作和翻译四个方面,每个子模块都专注培养学生在相应技能领域的实际应用能力。听说模块通过各种听力和口语练习,帮助学生提高听力理解和口语交际能力;阅读模块通过不同类型和难度的阅读材料,促进学生阅读速度和理解能力的提高;写作模块注重训练学生的英文书写和表达能力;翻译模块着重提升学生的语言转换和跨文化交际能力。

(三) 拓展模块

拓展模块包括选修课和各种形式的第二课堂活动,如英语角、演讲比赛等。这些模块旨在提供更多的语言实践机会和文化交流平台,以帮助学生在实际应用中进一步提升英语能力、拓宽视野和加深对英语文化的理解。

通过这种模块化的教学方法,高校英语教学能够实现教学内容和教学活动的优化组合,不仅可以迅速提高学生在单项技能上的水平,而且能够促进学生英语综合应用能力的整体提升。这种教学策略的成功之处在于它充分利用了系统论的原理,即借助模块间的相互作用和整合,使产生的教学效果大于各个模块效果的简单累加,从而实现对学生英语能力的全面提升。

二、模块化教学的理论基础

模块化教学的三大理论基础包括多元智力理论、建构主义理论和系统论,如图5-2所示。这些理论基础为模块化教学提供了深刻的理论支

第五章 模块化理论下高校英语教学思维与教学模式创新

撑和指导原则。

图 5-2 模块化教学的三大理论基础

(一) 多元智力理论与模块化教学

多元智力理论由霍华德·加德纳（Howard Gardner）提出。该理论认为，人类具有多种独立的智力领域。最初加德纳识别出七种智力：语言、数理逻辑、视觉空间、身体动作、音乐、人际和自我智力。后来，他又增加了自然观察者智力和存在智力。这一理论的核心观点是认为每个人在这些智力领域中的表现各不相同，教育应该充分考虑到这种多样性。在模块化教学中，多元智力理论的应用意味着教学设计应该包容不同类型的智力，为学生提供多样化的学习方式。例如，对于语言智力较强的学生，可以设计读写任务；对于视觉空间智力较强的学生，可以使用图表、视频和空间模型；对于音乐智力较强的学生，则可以通过音乐和节奏来促进学习。多元智力理论还强调教育评价不应该单一依赖语言和数理逻辑的测评，而是应该采用多种方式，以反映个体在不同智力领域的能力，因为个体之间智力的发展与差异不同。因此，在模块化教学中，评价方式多样化是一个重要原则，它要求教师采用不同的评价方法来衡量学生在各个模块中的表现，确保评价的全面性和公正性。模块化教学通过应用多元智力理论，鼓励学生发掘并利用自己的优势智力，同时为他们提供机会去挑战和发展其他智力领域，从而达到全面提升个人能力的目标。这种教学方法不仅能更好地满足学生个性化的学习需求，还能促进学生的全面发展。

（二）建构主义理论与模块化教学

建构主义为模块化教学提供了坚实的理论基础。建构主义理论认为，知识不是被动接受的，而是学习者通过主动探索和实践，在特定文化和社会背景下，通过个人经验和社会交往主动建构的。这一观点与模块化教学中的教学设计理念相吻合，后者鼓励通过实践和探索来构建知识。在模块化教学中，每个模块都设计有特定的学习目标和活动，以助力学生在实践中学习和应用新知识，通过亲身体验和实际操作来深化理解和加强记忆。建构主义还强调个人的知识建构不仅依赖内部的认知活动，还深受社会交互的影响，而学习是一个社会性的、互动的过程，需要通过与他人的交互和沟通来得以促进。这与模块化教学中的小组讨论、协作项目和同伴互助等活动相契合。在模块化教学中，学生被鼓励在小组内讨论、分享和协作，以通过这种社会性互动来促进对知识的深化理解和应用。这种交流和协作不仅有助于学生建构知识，还能够促进学生批判性思维和解决问题能力的发展。建构主义还主张在复杂且真实的情境中进行学习，以便学生能够在实践中建构有意义的知识。这一理念与模块化教学中通过案例研究、实地考察、项目任务等形式提供的真实或模拟情境学习相一致。在模块化教学框架中，建构主义的应用表现为课程和活动设计的目的都是用以激发学生的探索兴趣和建构欲望。通过这种方式，学生可以将理论知识与实际情境结合起来，用以解决实际问题，从而增强学习的实用性和有效性。此外，建构主义倡导以学生为中心的教学方法，强调教育应关注学生的主体性和创造性。模块化教学允许学生在一定范围内选择学习内容和路径，适应个人的学习节奏和兴趣，从而实现个性化和自主化学习。这种灵活性和自主性是建构主义和模块化教学的共同目标。通过这些方面的对比和分析可以看出，建构主义理论不仅在理论上支持模块化教学的设计和实施，而且在实践层面为模块化教学提供了丰富的指导原则和方法。这些原则和方法有助于实现教学的个性化、灵活性和实用性，确保学生能够在积极参与和互动的过程中有效地建构和应用知识。在教学过程中,建构主义主张以学生为中心,教师的角色转变为引导者和促进者,而非传统意义上的知识传递者。模块化教学中的教师需要设计以学生为主体的学习活动,鼓励学生主动探索、提问和解决问题,以充分体现学生的主体性和创造性。关于学习评价,建构主义认为评价应该是动态的、持续的,并且能够体现学习者的进步和发展。建构主义强调评价应基于学生的个人经历和知识背景,促使学生在自己的经历中解释信息并建构意义,这种评价更关注学习的过程,其目的是促进学生的进一步发展。因此,模块化教学评价方式应该多样化,包括形成性评价、同伴评价和自我评价等,以为师生提供全面和深入的反馈。

(三)系统论与模块化教学

模块化教学深受系统论的影响,将其整体观念作为理论基础之一。系统论由匈牙利生物学家、哲学家路德维希·冯·贝塔朗菲(Ludwig Von Bertalanffy)提出,该理论强调"整体功能大于部分功能之和"。系统论的核心思想是在一个系统中,各个部分相互作用、相互依存,并形成一个统一的整体,这个整体具有部件所不具备的属性和功能。在模块化教学中,这种系统的整体观被用来指导教学设计和实施,强调将不同的教学模块整合成一个协调一致的学习体系。每个教学模块就像系统中的一个部分,都有其特定的功能和目标,当这些模块被整合起来时,它们共同形成了一个更大的教学系统,且这个系统的教学效果要大于单个模块效果的简单累加。系统论在模块化教学中的应用表现为对教学过程的全面规划和整合。教师需要考虑如何将各个模块有效连接,确保它们在内容、目标和教学方法上的连贯性和互补性。这不仅涉及单个模块的设计,还包括模块之间的相互关系和整合方式,目的是构建一个优化的、能够全面促进学生发展的教学系统。通过系统论的视角,模块化教学更加强调教育活动的整体性和协同效应。教育不再是孤立的、碎片化的教学活动,而是一个相互联系、相互支持的有机整体。这种整体观念有助于促进教学内容的连贯性，提高教学效率和质量，最终实现教育的整体优化和学生能力的全面发展。

三、模块化教学的特征

模块化教学作为一种现代教育方法，因独特的结构和组织方式，在教育实践中展现出显著的特性。这种教学模式主要有四个关键特征：灵活性、独立性、综合性和个性化，如图5-3所示。每个特征都针对教育的不同需求和挑战提供了有效的应对策略，共同构成了模块化教学的核心优势。

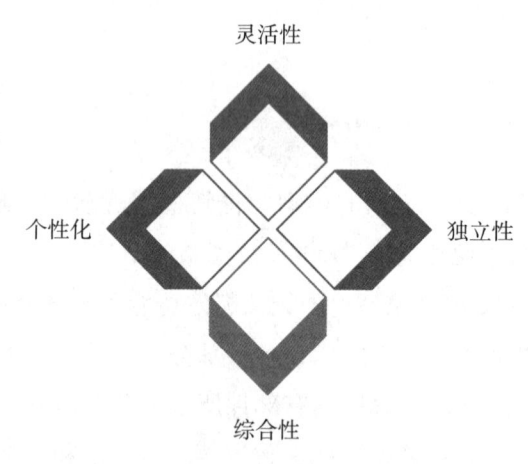

图 5-3　模块化教学的特征

（一）灵活性

模块化教学的灵活性特点体现在它能够适应多样化的教学需求和个体差异，为学生提供多元化的学习路径和教学资源。这种灵活性不仅体现在教学内容的组织和呈现上，还体现在教学策略和评估方法的多样性上，允许教师和学生根据具体情况灵活调整学习计划和教学过程，尤其在高校英语教学中，模块化教学的灵活性在高校英语教学中具有重要意义，它能够显著提升教学效率和学习成效。这种教学模式允许将课程内容划分为若干独立、可互换的单元或模块，每个模块聚焦特定的语言技能或主题，使教学过程更加灵活和个性化。对于高校学生来说，他们通常面临着不同的职业需求和学习目标。模块化教学可以根据学生的具体需求和进度进行调整，使学习更加符合他们的实际需要。具体而言，应注意以下方面的灵活性：

第一，教学内容的灵活性。模块化教学将课程内容划分为独立的学习单元或模块，每个模块围绕一个特定主题或技能进行设计。这种组织方式使教学内容可以根据学生的进度、兴趣和需求进行灵活调整。例如，在英语教学中，可以根据学生的语言水平和学习目标，选择重点强化语法、词汇或听说技能的模块。这种灵活的组织方式使学生可以根据自己的实际情况选择合适的学习内容，从而有效地提升学习效率。

第二，教学策略的灵活性。模块化教学支持采用多样化的教学策略，如讲授、讨论、案例研究、项目导向学习、协作学习等。教师可以根据不同模块的特点和学生的需求选择合适的教学方法，甚至在同一模块中采用多种教学策略，以适应学生的学习风格和提高教学效果。这种策略上的灵活性有助于创造更加丰富多彩的学习环境，激发学生的学习兴趣和主动性。

第三，学习路径的灵活性。模块化教学允许学生自主选择学习模块和学习顺序，为学生提供个性化的学习路径。学生可以根据自己的兴趣、目标和学习进度，灵活地组合不同模块，形成定制化的学习计划。这种自主化和灵活性有助于学生主动参与学习过程，按照自己的节奏和方式学习，从而提高学习的效果和满意度。

第四，评估方式的灵活性。在模块化教学中，评估方式也体现了灵活性。不同于传统教学中的单一评估方式，模块化教学支持使用多种评估工具和方法，如自我评估、同伴评估、形式化测试、项目作业、实践操作等。多样化的评估方式不仅可以从多个角度全面反映学生的学习成果，还可以根据不同学习阶段和学习目标灵活地做出选择，为学生提供及时和有针对性的反馈，从而促进学生的持续进步和发展。

第五，教学资源的灵活性。在模块化教学中，教师可灵活运用各种教学资源，包括传统的教材、多媒体材料、在线课程和实践活动等。多样化的资源使用能为学生提供丰富的学习材料和多元的学习体验。教师可以根据模块的具体内容和学生的具体需要，选择合适的教学资源，以最大化学习效果。

第六，应对变化能力的灵活性。模块化教学具有高度的适应性，可以灵活应对教育环境和市场需求的变化。随着社会的发展和技术的进步，教学内容和方法可能需要进行调整。模块化教学由于结构的灵活性，可以快速地调整或更新模块内容，以适应新的教学目标和社会需求。这种快速响应能力是传统教学模式难以比拟的。

第七，促进教师专业发展的灵活性。模块化教学还为教师的专业发展提供了灵活性。教师可以根据个人兴趣和专业方向，选择或设计特定的教学模块，进行深入研究和创新教学实践。这不仅有助于提高教师的教学能力和专业水平，还能激发教师的创新精神和研究兴趣。

通过以上讨论可以看到，模块化教学的灵活性体现在多个层面，这种灵活性使模块化教学成为一种高度适应性和有效性的教学模式，能够满足不断变化的教育需求，提高学生的参与度和满意度。

（二）独立性

模块化教学的独立性特征体现在其教学内容和活动的自成体系性。每个模块都设计为一个完整的学习单元，具备独立的学习目标、内容、活动和评估机制。这种独立性赋予了教学模块以自足的特性，使之能够独立运作，同时为学生提供了清晰明确的学习方向和目标。具体而言，第一，模块的自成体系性。模块化教学中的每个模块都是围绕一个特定的主题或技能而设计的，包含了从引入、探究到总结的完整学习过程。这种自成体系的结构确保了学习内容的完整性和连贯性，使学生能够在一个模块内完成对特定知识或技能的全面学习。例如，在一个英语教学的写作模块中，学生会从基础的句子构造学习到复杂的文章结构，整个过程中心明确、逐步深入。第二，独立的学习目标。每个教学模块都设定有独立的学习目标,这些目标明确指导了模块的设计和实施。独立的学习目标有助于学生明确学习的重点和期望成果。这种明确性也方便教师根据模块目标设计教学活动和评估标准,确保教学的有效性和针对性。第三,独立的评估机制。模块化教学中的独立性还体现在每个模块具有自己的评估机制。这意味着每个模块的评估方法、标准和工具都是为了测量学生在该模块中的学习结果而设计的。这种独立的评估机制确保了评估的准确性和公正性,使学习结果可以直接反映学生在该模块中的表现和掌握程度。第四,独立操作的可能性。模块化教学的独立性还意味着每个模块可以独立操作,不必依赖其他模块的顺序进行学习。这为学生提供了选择学习模块的灵活性,允许他们根据自己的兴趣和需求选择学习的顺序和内容。从整体上看,独立性是模块化教学的重要特征,它通过确保每个模块的自成体系性、独立的学习目标、评估机制和操作的可能性,为学生提供了清晰、目标明确的学习体验。这种独立性不仅使教学内容和过程更加有序和易于管理,而且为学生提供了高度个性化和自主化的学习选择。

(三)综合性

模块化教学的综合性特点体现在其能够整合各个独立模块的内容和活动,形成一个协调一致、相互补充的教学体系。这种综合性不仅增强了学习的连贯性和系统性,还有助于促进学生对知识的深层理解和整合应用。具体而言,第一,整合多个学习领域。模块化教学通过综合多个相关的学习领域和主题,为学生提供较为全面的学习体验。虽然每个模块在内容和目标上具有独立性,但在整个教学体系中,各模块相互关联和支持,共同构成一个完整的知识体系,使学生能够在不同学科之间建立联系,进行综合性的思考和学习。跨学科模块的设计促进了学科间知识的整合,使学生能够在更广泛的背景下理解和应用知识,培养了学生的综合素质和创新能力。第二,促进知识的深层理解。模块化教学的综合性强调知识之间的联系和互动,帮助学生在学习过程中建立跨领域的联系。通过模块间的整合和联系，学生可以更好地理解知识之间的内在关系和逻辑，从而促进对知识的深层理解和综合应用。这种深层理解是单一模块学习难以达到的，它需要通过不同模块之间的综合和整合来实现。第三，增强学习的系统性。综合性还体现在模块化教学能够构建一个系统化的学习框架，将分散的知识点和技能串联起来，形成有机的整体。这种系统性不仅使学习内容更加完整和连贯，而且有助于学生建立系统性的思维方式，提高解决复杂问题的能力。在这样的教学体系中，学生能够从宏观的角度理解和掌握知识，实现知识的整合和应用。综上所述，模块化教学的综合性特征通过整合各个独立的学习模块，形成一个协调一致的教学体系，不仅增强了学习的连贯性和系统性，还促进了知识的深层理解和跨学科的综合应用。这种综合性为学生提供了一个全面且丰富的学习环境，有助于培养他们的系统思维和综合分析能力。

（四）个性化

模块化教学的个性化特征在于其能够根据学生的特定需求、能力和兴趣来调整和优化教学内容和方法。这种特征确保了教育过程可以为学生提供量身定制的学习体验，从而最大限度提升学习效果和满意度。第一，量身定制的学习内容。个性化的核心在于提供与学生个人学习需求和目标相符合的教学内容。在模块化教学中，不同的学习模块可以涵盖广泛的主题和技能，学生可以选择与自己的职业目标、学术兴趣或个人发展需求相关的模块进行学习。例如，学生对商务英语感兴趣，他可以选择重点学习相关的语言技能和行业知识的模块。第二，个性化的学习路径。在模块化教学中，学生可以自主决定学习的顺序和速度，形成个性化的学习路径。这种灵活性允许学生根据自己的学习节奏和难度适应能力来选择模块，进而构建符合个人学习风格和进度的学习经历。这样的自主性不仅能增强学习的动机，还有助于提高学习的效率和成效。第三，个性化的教学方法。个性化还体现在教学方法的多样性上。教师可以根据学生的特定需求和反馈来调整教学策略。例如，对于视觉学习者，教师可以更多地使用图表、视频和图像；而对于实践学习者，则可以增加实验、实地考察或案例分析等活动。这种根据学生偏好和反馈调整教学方法的做法有助于提升学习的吸引力和有效性。第四，个性化的评估和反馈。在模块化教学中，评估和反馈可以被个性化设计，以适应学生的具体情况和学习成果。通过实施针对性的评估方法，如基于项目的评估、自我评估或同伴评估，教师可以更准确地了解学生的学习进展和挑战，进而提供具体、个性化的反馈和指导，帮助学生在学习过程中实现持续改进和发展。从整体上看，个性化是模块化教学的一大特征，这种教学策略不仅符合现代教育对于以学生为中心和个性化学习的要求，还有助于激发学生的学习潜力，促进其全面和持续的发展。

第二节 高校英语模块化教学模式的优化与创新

一、模块化教学环境的优化与创新

在优化模块化教学环境时，重点应放在创造一个有利于教学和学习活动的环境，其中包括物理空间、技术基础设施、教学资源和社会文化因素的综合考虑。优化教学环境的目的是为学生提供一个既安全又有吸引力的空间，使他们能够探索、实验和学习。其中，物理空间的设计对于促进有效的模块化教学至关重要。教室和学习区域应灵活配置，以支持不同的教学和学习活动。这意味着空间应该容易调整，以适应讲座、小组讨论、项目工作和个人学习等不同形式的活动。例如，可移动的家具和可调整的隔断可以帮助教师和学生根据需要快速重新配置空间。技术基础设施的构建是实现模块化教学环境的关键因素。现代教室应配备高速互联网连接、多媒体投影设备、智能黑板和学生使用的个人设备，如平板电脑或笔记本电脑。这些技术工具不仅支持传统的教学方法，还能促进互动学习和远程教育，从而扩大学习的可能性和范围。教学资源也是构建模块化教学环境的一个重要组成部分。高校应确保有丰富的教学材料可供使用，包括电子书籍、在线课程、互动模拟和数据库等。这些资源应该易于访问，并与教学目标和学生的学习需求相一致。提供多样化的学习资源可以满足不同学生的兴趣和学习风格，促进个性化和自主学习。社会文化因素也对模块化教学环境的成功有着深远影响。创建一个包容和支持的学习文化至关重要，应鼓励开放交流、尊重多样性和促进协作。高校领导应致力建立一个积极的学习社区，其中教师、学生、家长和其他利益相关者应共同参与教育过程，分享责任和成就。此外，持续的专业发展和教师培训是优化教学环境的重要方面。教师应接受有关最新教育技术、教学方法和学习理论的培训，以便更有效地设计和实施模块化教学。通过持续学习和实践，教师可以不断改进教学策略，更好地满足学生的需求，并促进整个教育环境的创新和改进。

总而言之，模块化教学环境的优化需要综合考虑物理空间、技术基础设施、教学资源和社会文化因素。创造一个灵活、互动且支持的学习环境可以促进学生的积极参与和深度学习，同时激发他们的创新思维和解决问题的能力。这种综合性的方法有助于实现教育目标，并为学生提供一种丰富且有意义的学习体验。在这样的环境中，学生被赋予了更大的自主权来探索他们的兴趣和激情，同时被鼓励批判性地思考和解决复杂问题。

二、模块化教学内容的优化与创新

（一）学生实际与教学模块的融合

在模块化教学中，将教学模块与学生的英语素养和生活体验紧密结合起来至关重要。这种融合意味着教学模块不仅应当激发学生对已有知识的回忆和应用，还应当触及学生的生活体验，与他们的日常经历相呼应。这样的设计可以帮助学生自然而然地融入模块化学习环境，进而产生学习兴趣，进行深入的探索和学习。为了达到这一目的，教学模块的设计需要切实考虑学生的背景知识和生活环境。例如，教材可以围绕学生熟悉的主题或日常遇到的问题进行设计，使学习内容更加贴近学生的实际生活，从而增强学生的学习动机。在教学过程中，教师可以利用学生的个人经历和见解作为切入点，促使他们在学习过程中建立个人联系。此外，教材的难度设置是一个需要精心平衡的问题。教材应当具有适度的挑战性，既能促进学生的认知发展，又能避免让学生感到沮丧或压力过大。理想的教材难度应当使学生感到需要付出努力才能达成学习目标，但这种努力是在他们能力范围之内的。在实际应用中，教师需要根据学生的具体需求和反馈来调整教材内容和难度。这可能涉及对教学内容的不断评估和修改，以确保其既能够满足学生的学习需求，又能够激发他们的学习潜能。教师可以通过观察学生的学习过程、收集学生的反馈意见，并进行定期的学习成果评估，来判断教学内容是否达到了预期的教学效果。最终，这种教学内容要与学生的实际生活体验相结合，这样不仅能够提升学生的学习效果，还能够增强他们语言的实际应用能力和解决问题的能力，提高其综合素质和实践能力。这种教学方法的成功实施将使模块化教学成为一种有效的教育手段，有助于培养学生的自主学习能力、批判性思维能力和创新能力。

（二）教学模块之间的整合

教学模块之间的整合是模块化教学的核心环节，其关键在于将不同的教学单元和知识点有机地结合起来，形成一个协调统一的学习体系。这种整合不仅要求教学模块在内容、知识上的连贯性，还要求教学模块在技能、思维和情感目标上的一致性。具体而言，在实施教学模块的整合时，首先，需要确保各个模块之间在知识结构上的逻辑性和层次性。这意味着教师需要设计这些模块，使之在知识点的难易程度、深度和广度上形成梯度，从而让教学内容能够在学习过程中层次化和递进化地不断构建和拓展。例如，在高校英语教学中，基础模块可能侧重词汇和语法的基础知识，而更高级的模块则可能集中于词汇和语法背后的复杂文化背景知识。其次，教材内容的整合应当考虑如何通过不同模块之间的相互联系和互补，来增强学习体验和知识掌握，包括在模块设计时考虑如何使用前一个模块的知识来支持后一个模块的学习，或者如何在不同模块之间建立跨主题的联系。通过这种方式，学生可以实现在一个模块中学到的知识和技能在另一个模块中找到应用，从而实现知识的累积和深化。此外，教学模块之间的整合可以通过活动和项目将不同模块的内容串联起来，通过模块外的媒介，让学生看到不同知识模块之间的联系，以增强模块之间的相关性。最后，为了确保教学模块的有效整合，教师需要进行实时的评估和反馈，包括监测学生的学习进展、评估他们在不同模块中的表现，以及根据学生的反馈调整教学模块的组成，等等。这种循环反馈机制不仅有助于教师优化教学内容和方法，还能确保教学模块内容之间的整合，从而提高教学的整体效果。

（三）教材模块与非教材模块的融合

教材模块与非教材模块的融合是模块化教学策略的重要组成部分，它旨在通过融入多样化的学习资源，丰富学习内容，增强学习的实用性和趣味性。这种融合可以通过以下三种方式实现：首先，可以对教材的现有教学模块做保留和删减，同时融入实际生活中的实例或课外书籍、网络资源等，形成新的教学模块。这种方法会使教学内容更加贴近学生的实际经验和兴趣，有助于提高他们的学习动力和参与度。例如，在英语教学中，教师可以根据课文主题添加相关的新闻报道、访谈或开展在线论坛讨论，以帮助学生更好地理解课文内容，并将相关知识应用于现实生活。其次，以特定的课文或主题模块为基础，增添教材之外的信息材料，构建一个具有完整性和独立性的学习模块。这种方式不仅能够拓宽学生的知识视野，还能够促进他们的信息搜集和处理能力，从而引导学生逐步形成更为主动和独立的学习方式。例如，在探讨环境保护的模块中，除了教科书的基础知识，教师还可以在教学中加入最新的环保科技发展、全球环保政策变化等内容，使学生更为深入地了解和探讨该主

第五章 模块化理论下高校英语教学思维与教学模式创新

题。最后，基于新的课程标准，自主编写教材或创新模块。虽然这种方法挑战较大，但可以极大提升教学内容的针对性和创新性。通过自编教材或创新模块，教师能够更灵活地整合最新的研究成果、社会实践经验和技术发展动态，构建出与学生实际需求和时代发展紧密结合的教学模块。例如，在科技英语教学中，教师可以根据科技发展的最新趋势，自主设计包含人工智能、可持续能源等领域的教学模块，这样不仅能够激发学生的学习兴趣，还能够提升他们对未来科技发展趋势的理解和预见性。

需要注意的是，在进行教材模块与非教材模块的融合时，教师应当注重资源的选择和内容的适宜性，而合适的资源能够补充和扩展教材模块。此外，融合的过程中应确保新旧知识之间的衔接流畅，使学生能够将教材外的资源与教材模块资源之间建立联系，从而加深对知识的理解。教材模块与非教材模块的融合还应考虑到多样性和互动性，可利用多媒体工具、实践活动和社会互动等多种教学手段，增强学习的互动性和体验性。例如，可以通过虚拟实验室、在线合作项目、社交媒体互动等方式，让学生在互动中学习，在实践中掌握知识。为确保融合效果，教师需要不断评估和反思融合实践的效果，根据学生的学习进展和反馈，及时调整教学内容和方法。

通过持续的优化和创新，教材模块与非教材模块的融合可以不断提高，以更好地适应教育的发展需求和学生的学习需求。这样的教学策略不仅能丰富教学资源，还能为学生提供更加开放、互动和创新的学习环境。

三、模块化教学思维的优化与创新

在当前教育领域内，模块化教学思维的优化与创新不仅是教育思维的变革，还是教育理念深层次的革新。这种转变的核心在于教育教学要从传统的应试教育思维转向以学生为中心的素质教育思维，其目的是培养具有创新精神和实践能力的全面发展的人才。具体而言，首先，模块化教学思维上的优化与创新主要表现在对教育目标的重构上。在传统的应试教育体系中，教育目标主要集中在知识传授和考试成绩上，而新时期核心素养与素质教育强调的是知识、能力和品德的全面发展。这种转变要求教师在思维上将教学重心从单一的知识传授转移到培养学生的批判性思维、创新能力和社会实践能力上。在这个过程中，模块化教学提供了一个灵活多样的教学框架，有助于实现教育目标的全面性和深度性。其次，模块化教学思维上的优化与创新源于对现代社会发展需求的响应。随着科技进步和经济全球化的发展，现代社会对人才的需求已经从简单的知识掌握转向更加注重创新能力和综合素质。教育需要适应这一变化，通过优化教育理念，转变教学思维，来实现更加有目标性地用思维指导实践，培养学生的创新精神和实践能力，从而满足新时代人才培养的要求。再次，模块化教学思维上的优化与创新要求教师对角色进行重新定位。在模块化教学中，教师不再是知识的唯一来源，而是成为学生学习的指导者和协助者。这要求教师在教学过程中更加注重学生的主动参与和自主学习，促进学生通过自主、合作和探究等方式开展学习。同时，教师需要运用多样的教学资源和方法，如项目式学习、案例分析、模拟实验等，来增强学生的实践经验和问题解决能力。最后，模块化教学思维的优化与创新还体现在评价体系的优化和改革上。传统的考试和评价方式往往集中于对学生知识掌握的测评，而忽视了能力、过程和态度的评价。模块化教学要求建立更为全面的评价体系，不仅评价学生的知识水平，还要考查学生的能力发展、学习过程和情感态度。这种多维度的评价体系有助于全面了解学生的学习状况，促进学生的全面发展。

模块化教学思维的优化与创新在推动教育公平、促进教育多样性、实现可持续发展和强化目标导向性方面具有重要意义。这种转变不仅会影响教育的内部机制和操作方式，还反映了教育对社会变迁的响应和适应，是实现现代教育目标和理念的基石。具体而言，首先，模块化教学思维的优化与创新有助于打破传统教学中的等级和刻板印象，促进教学资源和机会的均等分配。其次，模块化教学思维的优化与创新能够促进教学策略和内容的多样化。这种多样化不仅反映在教学方法的创新上，还体现在对不同文化、背景和能力学生的包容性上。教育工作者通过转变思维，更加重视构建包容性强、尊重差异的教育环境，使来自不同社会和经济背景的学生都能够在平等、尊重的氛围中学习和发展，这对于促进社会整体的教育公平具有深远影响。再次，模块化教学思维的优化与创新有助于实现教育的可持续发展。在面对快速变化的社会和经济环境时，只有那些能够适应新需求、不断创新教学理念和方法的教育体系才能持续发展。通过推动思维上的优化与创新，教育系统可以更灵活地适应社会的变化，培养出更多能够适应未来挑战的人才，从而促进整个社会的进步和发展。最后，模块化教学思维上的优化与创新强化了教育的目标导向性。在新的教育理念下，教育目标不局限于知识传授和技能训练，而是更加注重培养学生的综合素质、创新能力和社会责任感。这种目标导向的转变有助于引导高校和教师在教学设计、课程开发和学生评估等方面进行全面的思考和创新，使教育活动真正符合学生发展的需求和社会发展的趋势。

四、模块化教学设计的优化与创新

模块化教学设计的优化与创新的关键在于高效地设计和实施教学任务，使之既能达到教学目标，又能激发学生的学习兴趣和创新思维。在模块化教学中，各教学任务都是精心设计的，目的是通过一系列具体活动来实现预定的教学目标。具体而言，教学设计涉及教师如何选材料、如何进行模块组合、如何参考材料等方面。

教师在选材料时应考虑任务的目标和学生的需求，选择与任务目标相关的多样化材料，包括文字、图片、视频、音频等形式，以丰富学生的学习体验。材料应该具有启发性、挑战性和实用性，能够引发学生的思考和讨论。然后教师根据教学任务的要求和内容，将选好的材料组合成模块，每个模块都应具有明确的学习目标和任务。模块之间既可以有逻辑关联，也可以有跨学科的融合，以促进学生综合素养和跨学科能力的发展。教师在设计教学任务时，可以参考多种来源的材料，包括教科书、学术论文、实践案例、多媒体资源等。这些材料应该是经过筛选和评估的，能够支持任务目标的达成，同时具有一定的难度和挑战性。教师需要从参考材料中提取关键信息，包括概念性知识、实践技能、思维方法等。这些关键信息应该与任务目标和学生的能力水平相匹配，能够帮助学生理解和应用所学知识，培养其创新思维和问题解决能力。

在介绍任务内容时，教师应设计艺术性的课堂导入方式，通过生动的语言、有趣的案例、引人入胜的故事等方式吸引学生的注意力。艺术性的介绍能够激发学生的学习兴趣和参与度，为后续的学习活动打下良好的基础。此外，任务内容介绍应该具有吸引力，能够激发学生的学习积极性和讨论热情。教师可以采用提问、引用名人名言、展示影响力图像等方式引发学生思考和讨论，使他们主动参与学习过程。

五、模块化教学方式的优化与创新

（一）实施自主学习

在高校英语模块化教学中，教师应将学习方式的转变视为核心任务，因为英语模块化不仅是知识结构的基础，还是生活内容的反映。教师应将自主学习的权利交还给学生，充分尊重每个学生的个性、兴趣和偏好，让学生明确自己的学习目标，树立正确的学习态度，规划学习计划，并进行自我管理和评估。通过给予学生选择权、探索问题的机会和自主行走的路径，学生可以得到全面发展。

在推动自主学习过程中，教师应贯彻以学生为中心的教育理念，强化学生自我驱动的学习态度。学生是自己学习旅程的导航者，因此，教学策略应围绕支持学生的自我探索和知识获取进行设计。自主学习的核心在于学生的积极参与，这意味着教师要激发学生的主动探索、积极参与和创造力：通过自主学习、自我发现、独立研究和自我成长，学生可以成为课堂和学习过程的主导者。独立学习能力是自主学习的关键特征

第五章　模块化理论下高校英语教学思维与教学模式创新

之一。教师需要根据学生的具体情况，引领他们独立思考，促使他们明白应该学习什么、如何更有效地学习，以及如何提高动手和创新能力。教师的任务是提高学生的自我意识和积极性，基于学生的个性和需求，激发学生的学习热情、好奇心、求知欲和上进心，帮助他们掌握有效的学习策略并形成良好的学习习惯。为了有效培养学生的自主学习能力，教师应以明确的学习任务为基础，启动和组织学生的自主学习活动。在自主学习的初期，学生需要教师的引导，而在学习过程中，适时的示范和有效的评估可以帮助学生了解自己的学习成果并进行及时反思。教师应鼓励学生发展个性，特别是关注那些处于不利地位的群体，帮助他们建立信心并激发其创新性和原创性。

（二）实施合作学习

实施合作学习是高校英语模块化教学的一个重要教学策略，涵盖教师之间以及教师与学生之间的合作。合作学习强调教育过程中的共享、协作和相互成长。在知识爆炸和信息社会的背景下，学习资源的多样化打破了传统教育中教师作为唯一知识源的观念。今天，图书馆、新媒体以及日常对话等都成为学生获取知识的渠道。因此，教师和学生需要面对新环境，共同参与学习过程，这种变化促使合作学习的模式变得尤为重要。

合作学习的本质是"教学相长"，在这个过程中，教师不再是唯一的知识传递者，而是成为引导者和参与者，和学生一起面对新的教学材料和挑战，共同探索和理解新知识。这种模式不限于教师与学生之间的合作，还包括学生与学生之间的合作。在这种互动中，教师或学生不是孤立的学习主体，各方都需要在相互协作的环境中共同成长和学习。为了促进有效的合作学习，教师应鼓励学生根据个人的兴趣、特长、面临的问题和可利用的资源进行小组分工。在这个过程中，各小组应进行明确的角色分配和合理评价，培养团结和互信的氛围。教师在设计合作学习活动时，应考虑学生的能力、水平和兴趣偏好，创造条件让每个学生都有参与和发展的机会。

合作学习的内容多样，既可以围绕课堂学习的重难点展开讨论和质疑，也可以对搜集的信息进行分析和交流，还可以对课外阅读和社会实践进行反思和分享。教师应采用灵活多样的教学方法，促进学生在各个方面的学习，如英语学习的各个领域，以提高学生的合作和交流能力。

随着教育环境的变化，合作学习的模式也应不断创新。利用技术工具和在线平台可以拓展合作学习的范围，支持学生跨越地理和时间限制进行协作。教师可以利用在线论坛、项目管理工具等来促进学生之间的交流和合作，从而丰富学生的学习体验。

在合作学习过程中，教师需扮演多种角色：作为知识的传递者，引导学生探索新知识；作为合作的促进者，帮助学生建立有效的团队合作关系；作为评估者，对学生的学习进度和合作过程进行监督和评价。此外，教师还应当是学习者，与学生共同学习，不断更新自己的知识和教学方法。

（三）实施探究学习

实施探究学习是一种将学生置于主动发现和解决问题过程中的教育方法。这种方法强调将学习情境与真实生活相结合，通过多样化的教学策略，如多媒体展示、讲座、提出问题等，引导学生深入探究。探究学习的核心在于启发学生提出问题，这不仅是学习的起点，还是培养批判性思维和解决问题能力的关键。探究学习不限于获取知识，更重要的是培养学生的综合素质，包括批判性思维、创新能力、沟通技巧和社会责任感。通过这种方式，学生能够更好地理解世界，为未来的职业生涯做好准备。

在探究学习过程中，问题的提出非常关键。最初，教师可能需要引导学生提出问题，而随着时间的推移，教师应鼓励学生自主发现问题。一个好的问题可以成为学习的驱动力，它不仅能引发学生的思考，还能激发学生的学习热情，从而促进更深入的学习体验。分析和解决问题是探究学习中一个至关重要的环节。教师应促使学生通过各种方式，如调查、访问、查阅资料、讨论和推理交流，共同寻找问题的答案。这一过程不仅能够增强学生的合作能力，还能够培养他们的创新精神和实践能力。探究学习的目的是使学生主动探索和理解复杂的概念，将学到的知识应用于实际情境。

探究学习鼓励学生跨越传统学习的边界，从校内到校外、从课堂到课余时间、从教材到校本课程，不断拓宽视野并深入了解生活的各个方面。这种学习方式使英语学习变得更加生动和相关，因为它促使学生在实际的语言使用环境中运用英语，从而提高学习的效率和乐趣。

在探究学习中，教师的角色从传统的知识传递者转变为指导者和协助者。教师需要设计符合学生兴趣和需求的学习项目，为学生提供必要的资源和支持，帮助学生建立知识间的联系，形成知识网络。此外，教师应鼓励学生进行反思和自我评估，以培养他们的自主学习能力和终身学习的态度。

随着技术的发展，探究学习可以通过数字工具和平台得到增强。教师可以利用在线资源、虚拟实验室、模拟场景等工具，为学生提供更丰富、更具有互动性的学习体验。这些技术不仅可以帮助学生获取广泛的信息，还可以促进全球视角的形成，使学生能够与世界各地的人们交流和合作，进一步拓宽学习视野。技术的整合为探究学习提供了新的可能性，使学习过程不限于课堂内部。通过网络资源和协作工具，学生可以参与国际项目，与世界各地的人们共同探究，从而获得跨文化的理解和全球化的视角。这种学习方式鼓励学生主动寻求信息，与不同背景的人们交流和合作，从而增强跨文化沟通能力和团队协作能力。探究学习的实施还需要一个支持性的学习环境，这个环境应该鼓励风险承担和创新，允许学生犯错并从中学习。教师需要创造一个开放的氛围，让学生感到自己的意见和探索被重视，自己的好奇心和探究精神得到鼓励。这种环境不仅有助于学生的认知发展，还能促进学生情感和社会技能的成长。

有效的探究学习还要求教师具备相应的指导能力，能够灵活运用不同的教学策略来引导学生的探究过程，包括设置适当的问题、引导学生进行深入的研究和探索、提供反馈和支持以及评估学生的学习进展和成果等。教师应该培养学生的批判性思维能力，帮助他们在探究过程中识别假设、评估证据、构建论证，并从多个角度分析问题。

总之，探究学习是一种动态和互动的学习过程，它要求学生主动参与，教师有效指导。这种学习方法不仅能够提升学生的学术能力，还能够培养他们成为终身学习者，具备解决复杂问题的能力以及在多元文化和不断变化的世界中有效沟通和合作的能力。通过探究学习，学生能够更全面地理解自己和周围的世界，为未来的学习和生活奠定坚实基础。

六、模块化教学模式下学生学习方式的改变

模块化教学模式在当今教育领域中扮演着重要角色，它不仅改变了教学方式和教学组织形式，还深刻影响了学生的学习方式和学习态度。从学生的角度来看，模块化教学给学习方式带来的改变是多方面的。

在模块化教学中，学生不是完全被动地接受知识，而是被赋予了更多的自主权和选择权，使他们能够更加积极主动地参与学习过程。首先，模块化教学强调个性化学习路径。学生可以根据自己的学习需求、兴趣和能力，选择适合自己的学习内容和路径。这种个性化的学习方式会让学生感到更加自由和舒适，因为他们可以按照自己的节奏和喜好进行学习，而不再受限于统一的教学进度和内容安排。例如，对于某个模块的学习任务，学生可以根据自己的理解程度和学习速度与教师进行沟通，自行选择基础或高级板块的内容。这种方式能够更好地适应不同学生的学习需求，提高学习效果。其次，模块化教学注重个性化学习方式。学生可以选择适合自己学习风格和习惯的学习方式，如阅读、听讲、实践、讨论等。这种个性化的学习方式能够激发学生的学习兴趣和动力，使他们更加投入学习，从而提高学习效率和学习效果。例如，学生甲可能喜欢通过实践操作来学习，而学生乙则喜欢通过阅读和听讲来获取知识，模块化教学可以满足他们的个性化学习需求，促进他们的全面发展。最后，模块化教学鼓励学生自主选择学习资源。学生可以根据自己的需要

第五章 模块化理论下高校英语教学思维与教学模式创新

和兴趣选择不同的学习资源,如教科书、网络资源、实践案例等,以支持自己的学习过程。这种自主选择学习资源的方式培养了学生的信息获取和筛选能力,使他们能够更好地应对学习中遇到的各种问题和挑战。这种变化不仅对学生的学习体验有着积极影响,还有助于他们的全面发展和未来的职业发展。

模块化教学也强调学生的合作学习。在这种教学模式下,学生不再是被动地接受知识的容器,而是变成了积极参与的合作者。学生可以分组合作,共同完成各个模块的学习任务,这种合作不限于课堂内部,还可以通过网络平台进行跨地域协作。在此过程中,学生共同讨论问题、探索解决方案,并相互分享各自的见解和经验,这样的互动能丰富学习内容,并增强学生的综合理解能力。合作学习在模块化教学中的实施不仅仅是为了完成学术任务,更是培养学生综合素质的重要途径。通过合作,学生可以从不同角度审视问题,学习倾听他人的观点,批判性地思考,并在此基础上形成自己的判断。这种学习方式有助于学生建立起对多样性的认识和尊重,从而促进学生之间的文化交流和理解。同时,合作学习鼓励学生承担责任,共同面对挑战,这种经验对于培养学生的领导能力和解决实际问题的能力具有深远影响。总之,模块化教学中的合作学习有助于建立一个互助的学习环境。在这种环境中,学生相互支持,共同进步。优秀的学生可以通过帮助同伴解决问题来巩固自己的知识,而学习上有困难的学生则可以从同伴那里获得及时的帮助和鼓励。这种互助机制不仅能提高学生的学习效率,还能增强班级的凝聚力。此外,模块化教学为教师提供了观察学生交往能力、团队协作能力和解决问题能力的机会。在合作学习过程中,教师可以发现每个学生的优点和不足,从而更有针对性地进行个性化指导。这种教学策略不只有助于学生知识的掌握,更重要的是能促进学生能力的全面发展。

第六章 新文科视域下高校英语教学思维与教学模式创新

第一节 新文科的定义与建设意义

一、新文科的定义和内涵

新文科的概念最早由美国希拉姆学院于2017年提出，是对传统文科教育的一次思考和审视。新文科的核心思想是通过对学科的重组和文理融合，结合现代教育技术，对语言、文学、哲学等传统文科课程进行深化和创新，旨在构建一个综合性的跨学科知识体系，以促进学生的全面能力发展。新文科的提出和发展与当代中国特色社会主义发展阶段紧密相关。当下社会对人才的需求更加强调跨学科和创新能力。这就要求教育系统摒弃传统文科单一的思维培养模式，积极调整专业结构，推进学科间的交叉融合，建立更灵活和开放的学科体系。作为一种创新教育理念，新文科强调在传承文科传统精髓的同时，进行精准化和针对性的课程重组，形成既包含文学理论，也融合理科技术的教学格局。这种教学模式旨在强化学生的跨学科知识和技能，使其能够在多元化的社会中更好地竞争和发展。总体来看，新文科的内涵主要体现在以下四个方面：

第一，新精神，即新文科体现人文精神的时代演进。新文科要求教育和教学应对时代要求具有敏感性和响应性。在不同的历史时期，社会

第六章 新文科视域下高校英语教学思维与教学模式创新

的文化、经济、科技和政治背景都在不断演变，这些变化直接影响人文精神的内涵和教育的重点。传统文科强调的人文教育着重传授经典文化、历史知识和哲学思考，以培养学生的批判性思维、道德判断和文化素养。新文科则在这一基础上，更加注重人文精神与时代发展的同步进化。它倡导更新的人文主题，如全球化视角下的文化理解、科技进步对社会伦理的影响、环境问题的人文关怀等，旨在培养学生的全球视野、跨文化交际能力和对当代社会问题的深入理解与批判性思考。此外，新文科强调的不只是传统人文知识的学习，更重要的是如何将这些知识应用于解决现实问题，培养学生的创新能力和社会责任感。同时，新文科鼓励探索人文精神在新媒体和数字技术中的表现形式，如数字人文学和跨媒体艺术，这不仅拓宽了人文学科的研究领域，还为学生提供了更多元和互动的学习体验。通过这样的教育模式，新文科致力培养能够适应快速变化的社会需求的新时代人才，使之不仅具备深厚的人文学识背景，还能够在经济全球化和数字化的环境下发挥领导力和创新力。

第二，新融合，即新文科体现学科融合的交叉创新。这要求教育教学应体现当代教育的趋势和需求。在经济全球化和信息化快速发展的今天，社会对知识的需求日益多样化和综合化，传统的学科边界逐渐模糊，迫切需要跨学科的知识结构和思维方式来解决复杂的现实问题。新文科倡导的学科融合交叉不是简单地将不同学科的知识叠加在一起，而是要求在深层次上实现学科之间的互联互通和相互渗透。这种融合交叉体现在多个层面：首先，知识内容的融合。例如，在新文科框架下，文学研究可能融入心理学理论来深入分析文本中的人物心理，历史学研究可能借助地理信息系统来更准确地解读历史事件和变迁。其次，方法论的融合也是新文科的重要方面。例如，使用数据分析方法来研究社会学问题，或运用计算机编程技能来探索语言学的新领域。最后，新文科的学科融合交叉还体现在教育实践中。高等教育机构越来越倾向设置跨学科课程和项目，鼓励学生从不同学科的角度探索和解决问题。这种教学模式不仅拓宽了学生的知识视野，还锻炼了他们的综合思维能力和创新能力。

第三，新功能，即新文科是文化交流与创新的桥梁。首先，新文科具有强大的文化贯通功能。这意味着它能够作为一座桥梁，连接不同的专业领域和知识体系。通过创新和独特的方式表达和阐释文化内涵，新文科促进了不同领域之间的文化交流和对话。这种交流不仅找到了领域间的共通点，还发挥了文化的综合价值，推动了经济和社会的发展。例如，利用英语教学介绍和讲解不同国家的历史文化，促进学生对文化多样性的认识和理解，这不仅促进了文化的传播，还促使学生在学习语言的同时，增进对不同文化背景的理解和尊重。其次，文化带动功能是新文科的核心特征之一。新文科利用文化的引领作用，将不同专业领域串联起来，促进文化的融合和创新。这种动能不仅推动了文化领域的创新，还促进了相关产业的发展。数字传播技术的进步，如移动电视、手机和网络等，与传统传播方式的结合，促进了新形态文化产品的诞生，使传统文化得以焕发新生。这一过程不仅产生了新的文化消费模式，还推动了数字技术和新兴数字文化产业的发展。最后，新文科的文化固力功能在英语教学中体现为通过深入挖掘和传播文化价值来增强学生的文化认同感和自信心。在教学中，深入探讨与英语相关的文化现象、历史和社会背景能够帮助学生理解和尊重多元文化，积累和沉淀文化知识。

第四，新方式，即新文科体现教育方式的数字转型。在具体实践中，新文科的跨学科还表现在对前沿领域和新兴技术的融合应用。例如，结合人工智能和机器学习的人文研究不仅可以开拓文科研究的新方向，还为技术发展提供了人文视角和伦理思考。通过这样的跨学科融合，新文科能够促进不同学科知识的相互补充和增强，推动创新思维的形成，为解决当代社会面临的复杂问题提供多元化的视角和方法。此外，新文科还强调教育方式和学习方法的创新。随着数字技术的发展，大数据、人工智能等技术的应用为人文社会科学的教学和研究提供了新的工具和平台。这不仅改变了传统的教育模式，还为学生提供了更为丰富和灵活的学习手段，促进了教育质量的提升和学科能力的全面发展。教育方式和学习方法的创新反映了对传统教育模式的革新与对未来教育趋势的预见。随着科技的进步，尤其信息技术的发展，教育领域正经历着深刻变革，这些变革直接影响教学方法和学习体验的改进。首先，数字技术的广泛应用使教育资源更加丰富和易于获取。网络平台、在线课程和开放教育资源使学习不再受时间和空间的限制，提高了教育的可达性和灵活性。在新文科教育中，这种技术的应用不仅包括传统的课堂学习模式，还包括虚拟实验室、在线讨论组、数字图书馆和虚拟博物馆等，为学生提供了多样化的学习资源和互动平台。其次，信息技术的融入促进了教学方法的创新。例如，借助大数据分析可以定制个性化学习路径、根据学生的学习进度和效果提供定制化的学习建议，这些都大大提高了学习的效率和效果。最后，仿真技术和虚拟现实等新兴技术的应用为学生提供了沉浸式的学习体验，使他们能够更直观地理解复杂的概念和过程。在教学内容上，新文科强调跨学科的知识整合和应用，推动学生从多个角度和层面理解和分析问题。这要求教育方式更加灵活和开放，鼓励学生主动探索、批判性思考和创新解决问题。同时，新文科教育注重培养学生的社会责任感和全球视野，通过组织学生参与社区服务、国际交流和跨文化合作项目，增强学生的社会实践能力和国际竞争力，使其具备全面的知识结构、创新的思维方式和全球的视野，以适应未来社会的发展需求。

二、新文科建设的意义

（一）有利于文化自信的彰显与文化培育

新文科建设不仅是文化自信的表现，还是培育新文化的必要途径。文化自信源于对本民族历史和文化的深刻理解与认同。新文科通过深化对本国优秀传统文化的研究与传承，增强人们对民族文化的自信心。同时，新文科的发展能够促进文化的创新和发展，为优秀传统文化注入新的生命力，形成新的文化形态和表达方式。新文科的建设鼓励跨学科研究，能够促进人文学科与社会科学、自然科学之间的交流与融合，推动知识结构和学科体系的更新。这种跨学科的融合有助于解决复杂的社会问题，为社会发展提供新的思路和方法。新文科培育的新文化能够更好地反映当代社会的特点和需求，提供更加全面和深入的社会洞察力。

（二）有利于开展国际文化交流与合作

新文科建设为参与国际交流提供了新的平台和机会，有助于加强文化的国际交流与合作。新文科的研究和教学可以更有效地将本国文化推广到世界，增强国家的文化软实力和国际影响力。

新文科能够促进对外国语言文化的学习和研究，增强学生的跨文化交际能力，为他们走向世界打下坚实基础。学生通过学习新文科，不仅能够了解和掌握外国语言文化，还能够在跨文化交流中发挥桥梁作用，促进不同文化之间的理解和尊重。这种国际化的努力有助于构建开放、包容的学术环境，促进国际学术交流和文化互鉴。

（三）有利于科技创新与产业变革的适应

新文科建设在应对科技创新、产业革命和新经济挑战方面发挥着重要作用。随着科技进步和产业升级，社会对人才的要求越来越高，不仅要求有专业技能，还要求有广博的知识背景、创新能力和批判性思维。新文科通过跨学科的教育和研究，培养学生的综合素质和创新能力，使他们能够适应快速变化的社会和经济环境。新文科的学生不仅学习文化知识，还涉猎科学技术、数据分析等领域，具备解决复杂问题的能力。同时，新文科关注科技与人文的融合，探索科技发展对社会、文化和伦理的影响，促进科技创新与社会发展的和谐共进。这种融合不仅有利于促进新兴技术的伦理审视和文化适应性，还有助于形成更加人本和社会化的科技创新模式。新文科的研究有助于构建科技进步与人文关怀相结合的发展视角，确保科技发展成果能够更好地服务社会和文化的可持续发展。

在产业变革方面，新文科的建设能够推动传统产业与新兴产业的融合。通过对文化、社会、经济等多方面的深入研究，新文科能够为产业升级和结构调整提供理论支持和实践指导。它促使产业界重视文化创意和社会价值，推动经济发展方式的转变，从而适应新经济形态的要求。此外，新文科还鼓励创新创业，将创新精神和创业活动与文化、艺术、社会等领域相结合，形成跨界融合的创新生态。这种创新生态不仅能促进新产业和新业态的发展，还能激发社会创造力和文化活力，促进经济和文化共同繁荣。

第二节 新文科视域下的高校英语思维与教学创新途径

一、深入理解新文科的内涵，达成思维共识

在新文科视域下，要找回高校英语思维与教学的创新途径，首先需要深入理解新文科建设的内涵，并围绕这一内涵凝聚教育界的共识。这种理解和共识的形成既是实现教学创新的基础，也是推动英语教育与新文科建设深度融合的关键。

教育工作者要认识到，新文科建设不只是学科界限的突破，更是对教育内容和方法的深刻革新。在高校英语思维与教学领域，这种革新意味着将英语学习从简单的语言技能训练转变为一种文化和思维的综合培养过程。在新文科视域下，高校英语教学应超越传统的语法和词汇教学，融入文化理解、思维训练和跨学科知识。这样的转变不仅有助于学生掌握语言，更重要的是可以培养他们通过语言理解和表达复杂概念的能力。在跨学科融合方面，英语教学应与历史、文学、哲学、艺术等人文学科深度结合，通过跨学科主题探讨和项目合作，让学生在学习语言的同时，深入理解不同文化背景下的人类经验和思想。例如，通过研究不同国家的历史事件，学生不仅能学习到相关的英语词汇和表达方式，还能深化对这些事件背后文化和历史的理解，促进跨文化意识的形成。同时，新

文科强调文化的传承与创新，高校英语教学应当重视本土文化的传播与国际文化的交流。教师可以设计课程，结合本土文化元素来开展英语教学，如用英语讲述本国民间故事、历史事件或文化特征，这不仅能促进学生对本土文化的理解和自信，还能提高他们用英语进行文化表达和交流的能力。

为了实现新文科视域下的英语教学创新，教育工作者需要形成广泛的共识，包括对新文科目标和价值的深入理解以及对教学方法的统一认识。这种共识的形成依赖持续的学术交流和教育研究，如通过研讨会、工作坊和公开课等形式来促进教师之间的经验分享和思想碰撞。共识的形成还需要教育政策的支持和引导。教育主管部门应该明确新文科建设的指导原则和目标，制定相应的教育政策和标准，提供必要的资源和支持。通过政策引导，教育工作者能够更加明确教学方向和目标，使教学实践与新文科建设保持一致，从而有效推进英语教学的创新和发展。在实践层面，共识还意味着对教学内容、方法和评价标准的一致认识。英语教学创新应遵循新文科的理念，强调学生批判性思维和创造性表达的培养，鼓励教师采用多样化的教学方法，如项目式学习、翻转课堂和在线协作学习等，以满足不同学生的学习需求和发展潜力。同时，评价体系应当从传统的笔试和口试转变为更加全面评估学生的语言应用能力、文化理解和批判性思维能力。此外，建立英语教育共识需要强调教师的专业发展和学生的主动参与。教师作为教学创新的实施者，需要不断更新知识体系，提高跨学科教学能力，掌握新的教育技术和方法。这要求高校提供持续的教师培训和专业的发展计划，帮助教师适应新文科下的教学需求。与此同时，学生应被鼓励成为学习的主动参与者，通过参与课程设计、项目研究和文化交流等活动，主动探索和构建自己的知识体系，发展独立和批判性思维。

在新文科视域下，高校英语思维与教学的创新途径需要教育界形成共识，这种共识不仅体现在对教育理念和目标的认同上，还反映在具体的教学实践和评估方法上。深化对新文科内涵的理解，构建英语教育共识，并在实践中不断探索和完善，可以有效推进英语教学的全面创新，培养适应 21 世纪挑战的全面发展的人才。这样的教学创新不仅能够提高学生的语言能力和文化素养，还能够促进其全面发展，为其在经济全球化和多元化的世界中成功立足提供坚实基础。

二、优化英语教学生态及多元动态调整机制

第一，科技与英语教学的深度融合。随着人工智能的发展与应用，英语教育也应融入人工智能等先进技术，创新教育方法和内容。例如，利用人工智能进行个性化教学，根据学生的学习习惯和能力提供定制化的学习方案；又如，通过大数据分析学生的学习进度和效果，为教师提供科学的教学决策支持。与此同时，英语教学内容应与时俱进，与最新的科技趋势和产业发展相结合，如通过学习与人工智能相关的英语词汇和表达，让学生更好地理解并参与新科技领域。

第二，专业设置动态化与产教融合化。高校英语教育需要建立与企业合作的桥梁，通过产学研相结合的模式，探索英语教育与行业实践的有效结合。这意味着英语教育不仅要传授语言知识，还要结合实际产业需求，培养学生的专业技能和实际应用能力。例如，高校可以与企业共同开发课程项目，让学生参与真实的业务场景，进行实践学习和技能培训，这样不仅能提高教育的实用性和针对性，还有助于学生毕业后快速适应职场需求。

第三，调整与淘汰机制的建立。面对快速变化的社会和经济环境，英语教育需要建立灵活的调整与淘汰机制，及时更新教学内容和课程体系。这要求高校能够敏锐地捕捉到社会发展和产业变革的新趋势，根据需求及时调整教学方向和内容。同时，对于不再适应市场需求的教学内容或方法，应及时进行淘汰和替换，确保教学内容的时代性和前瞻性。

第四，多主体联动的协同育人。新文科视角下的英语教学改革要求实现学校、企业、政府和国际合作伙伴之间的协同育人。这种多主体联动机制有助于整合不同资源和优势，共同推进英语教育的改革和发展。

高校需要开展跨界合作，引入企业和行业的实际需求，结合政府的政策导向，同时利用国际合作平台，引入国外先进的教学理念和实践经验，共同促进英语教育的创新和优化。

三、新文科框架下文科评价体系的革新与多元化发展

新文科建设突破了传统学科的界限，强调跨学科融合和产业对接，因此对评价体系提出了更高要求。传统的以数量和计量化指标为主的评价体系不能全面反映文科学术的价值和社会效益。新文科评价体系需要关注研究的深度、广度和社会影响力，重视创新性、实用性和社会贡献度。例如，文科研究的评价不应仅限于论文发表的数量和期刊级别，而是应考量研究的原创性、跨学科融合能力和对社会实践的指导价值。具体而言，新文科框架下文科评价体系需重视以下方面的革新与发展：

第一，要建立差异化评价策略。新文科评价体系的构建需要根据不同学科的特点和功能，建立差异化的评价策略。对于强调理论研究的文科领域，应重视研究的理论深度和创新性；对于与产业紧密相关的应用型文科领域，应更多考虑研究的应用效果和产业贡献。此外，评价体系应关注学术成果的社会评价和影响，如公众参与度、政策引导力、文化传播效果等。

第二，要实现评价主体的多元化。新文科评价体系的建立需要多元化的主体参与，包括政府、学术机构、产业界等。这种多主体参与的评价机制有助于形成更加全面、客观的评价视角，确保评价结果既有学术性的严谨性，又能反映社会需求和价值取向。例如，通过建立学术同行评审与社会评价相结合的机制，既可以确保学术研究的专业性和深度，也可以促进研究成果的社会应用和影响力评价。

第三，要完善制度设计和反馈机制。科学规范的评价体系需要配备完善的制度设计和反馈机制。制度设计应包含明确的评价标准、评价程序和评价结果的应用机制，确保评价过程的公正性、透明性和科学性。同时，应建立有效的反馈机制，如定期的评价结果公示、听证会和申诉

第六章 新文科视域下高校英语教学思维与教学模式创新

制度等,这可以保证评价过程中的问题及时被发现和纠正,增强评价体系的自我完善能力。新文科视角下的文科评价体系改革要求人们不仅关注评价的科学性和规范性,还注重评价的多元性和灵活性。构建一个综合反映学术价值、社会效益和产业贡献的多元化评价体系可以更好地促进文科学科的健康发展和社会服务功能的发挥,从而有效支撑新文科建设和发展的大局。这种改革不仅能够促进学术研究的深入和创新,还能够加强学科的社会应用和产业对接,形成一个既有深度,又有广度,既重视理论,也强调实践的文科学术生态系统。

第四,要促进学术创新与实践应用。新文科评价体系的改革应鼓励学术创新和实践应用的紧密结合。学术研究不应只停留在理论层面,更应注重其在实际生活和社会发展中的应用价值。评价体系应能够识别和奖励那些能够解决实际问题、推动社会进步、增强文化自信的学术成果。这种方式可以激励学者将研究重心从纯粹的学术追求转向更具有社会责任感和时代意义的研究方向。

第五,要增强评价体系的适应性和动态性。随着社会经济和科技的快速发展,新文科评价体系应具有高度的适应性和动态性,能够及时响应社会变化和学科发展的新需求。这意味着评价体系需要不断更新和调整,以适应新的学术趋势和社会需求。例如,随着数字化、经济全球化的发展,新文科评价体系应增加对数字人文、跨文化研究等领域的重视,以及对学术成果国际影响力的考量。

第六,要建立公正透明的评价环境。建立一个公正透明的评价环境是新文科评价体系改革的关键。评价过程和结果应对所有利益相关者开放,确保每一项评价都基于公开公平的原则进行。建立公正透明的评价环境可以提高评价体系的公信力和权威性,使其成为促进学术发展、引导学科建设的有效工具。

第七,要结合国际视野和本土实践。新文科评价体系的改革还应结合国际视野和本土实践。在经济全球化背景下,评价体系需要借鉴国际的先进经验和标准,同时要贴合国内的实际情况和需求。这种结合可以促进学术研究的国际化和本土化发展,使学术成果既具有全球视野,又能反映和服务本国的社会文化和发展需求。

通过这些改革措施,新文科视角下的文科评价体系将更加多元、灵活和具有前瞻性,能够有效促进学科交叉融合、学术创新和社会服务,为新文科建设提供坚实的支持和保障。

参考文献

[1] 王岚，王洋.英语教学与英语思维［M］.长春：吉林人民出版社，2019.

[2] 宋雨晨，谭诣，王丽华.高校英语教学思维创新［M］.长春：吉林人民出版社，2020.

[3] 王春霞.英语教学模式改革与创新研究［M］.长春：吉林人民出版社，2021.

[4] 曲巍巍.英语思维与教学研究［M］.北京：北京理工大学出版社，2016.

[5] 方燕芳.英语思维与英语教学［M］.成都：电子科技大学出版社，2017.

[6] 鲁静.思维创新在高校英语教学中的应用［M］.长春：吉林人民出版社，2020.

[7] 高红梅，管艳郡，朱荣萍.高校英语教学创新性研究［M］.长春：吉林人民出版社，2021.

[8] 刘海燕.英语课堂教学与英语思维研究［M］.成都：电子科技大学出版社，2020.

[9] 兰春寿.英语文学阅读思维型教学模式研究［M］.北京：外语教学与研究出版社，2018.

[10] 杨洋，倪兆学，徐岩.英语课堂设计与微课教学模式［M］.长春：吉林人民出版社，2019.

[11] 曹凯，秦红娟，周红英.英语教学艺术与思维创新研究［M］.长春：吉林美术出版社，2017.

［12］魏雪超，马腾，刘东燕.文化融合思维与英语教学研究［M］.北京：中国商务出版社，2019.

［13］宋相瑜，黄敏，龚丽霞.英语教学与创新思维［M］.长春：吉林美术出版社，2017.

［14］周波澜，杨芳芳，李艳.英语多元化教学与语言应用［M］.长春：吉林人民出版社，2021.

［15］莫英.信息化背景下大学英语教学改革与创新思维［M］.成都：四川大学出版社，2018.

［16］王秀珍，徐江.外语教学理念与模式创新研究［M］.武汉：武汉大学出版社，2011.

［17］吴丹，洪翱宙，王静.英语翻译与教学实践［M］.长春：吉林人民出版社，2017.

［18］苏超华.新时代大学英语智慧教学论［M］.长春：吉林人民出版社，2019.

［19］赵长林，王桂清，李友雨.大学课程与教学研究［M］.北京：北京理工大学出版社，2020.

［20］余海进，周兴斌，孙芳来.核心素养理念下的高中英语教学策略研究［M］.长春：吉林人民出版社，2020.

［21］何泽.高中英语文学阅读教学行动研究［M］.武汉：武汉大学出版社，2019.

［22］张英.生态视域下的大学英语教学改革研究［M］.上海：复旦大学出版社，2017.

［23］张慧.信息化背景下大学英语教学与创新思维研究［M］.北京：中国纺织出版社有限公司，2022.

［24］陈军，王冰，田文明.大学英语课堂教学研究［M］.沈阳：辽海出版社，2017.

［25］陈性元，汪年春.探索与创新：电子技术学院本科教育教学改革和教学管理研究论文集.（2010）［M］.武汉：武汉大学出版社，2010.

［26］王珊，马玉红.大学英语教学的跨文化教育及教学模式研究［M］.武汉：武汉大学出版社，2016.

［27］孙有中，廖鸿婧，郑萱，等.跨文化外语教学研究［M］.北京：外语教学与研究出版社，2020.

［28］李清.高校英语跨文化教学研究［M］.长春：吉林人民出版社，2020.

［29］陶晓莉.大学英语跨文化教学实践探索研究［M］.北京：华文出版社，2021.

［30］熊文熙，范俊玲，肖玲.大学英语教学与跨文化交际能力培养研究［M］.北京：华文出版社，2022.

［31］庄志勤.高职跨境电商英语直播人才的语言技能培育策略研究［J］.佳木斯职业学院学报，2024，40（2）：201-203.

［32］方锐杰.论"双高"建设背景下高职英语教学现状及对策研究［J］.湖北科技学院学报，2024，44（2）：144-149.

［33］张文菊.以培养职场交际能力为导向的高职英语口语教学路径研究［J］.现代职业教育，2024（8）：142-145.

［34］曹灵美，童小婉.融合思政元素的毕业设计（论文）写作课程教学模式研究：以上海财经大学浙江学院商务英语专业为例［J］.高教学刊，2024，10（8）：105-108.

［35］黎佳，熊会芳，刘媛.新媒体时代高职英语教学的改革路径研究［J］.新闻研究导刊，2024，15（5）：151-153.

［36］彭剑娥.语言学理论投射课堂教学的突破与创新：《英语教师课堂话语的互动性研究：系统功能语言学视角》评介［J］.西安外国语大学学报，2024，32（1）：76-77+123.

［37］陈颖.交叉·融合·数智·协同：英语专业实践课程师资培训途径探究［J］.现代商贸工业，2024，45（5）：133-136.

［38］岳宝华.线上线下混合教学模式下大学英语多元评价体系建设策略［J］.佳木斯职业学院学报，2024，40（2）：141-143.

［39］刘爽.大数据赋能英语翻译教育模式探究［J］.现代商贸工业，2024，45（8）：45-47.

［40］周杨.OBE理念下《大学英语》学生自主学习能力培养［J］.佳木斯职业学院学报，2024，40（2）：171-173.

［41］周英.皮革行业英语人才混合教学模式探索［J］.皮革科学与工程，

［42］德丽娜.新能源专业英语教学模式的创新实践［J］.太阳能学报，2024，45（2）：501.

［43］王英华.创新教育模式在职业院校英语教育中的运用研究［J］.湖北开放职业学院学报，2024，37（4）：16–18.

［44］李怡嘉.新时代高校英语智慧课堂的有效性建构研究［J］.湖北开放职业学院学报，2024，37（4）：154–156.

［45］董晓烨，杨甦祺.近四年国内高校英语金课研究综述（2019—2022）［J］.邵阳学院学报（社会科学版），2024，23（1）：100–106.

［46］帕提古丽·麦麦提伊敏.初中英语教学中的快乐情感追求［J］.甘肃教育研究，2024（2）：86–89.

［47］马敏娜，吴明斐.大概念视角下初中英语单元整体教学逆向设计的实践研究［J］.甘肃教育研究，2024（2）：136–138.

［48］程东岳.课程思政融入高职大学英语"三教"改革的探索与实践：以武汉交通职业学院航运专业群为例［J］.湖南工业职业技术学院学报，2024，24（1）：122–126.

［49］孙强，王霞.核心素养下构建高中英语智慧课堂［J］.内江科技，2024，45（2）：26–28.

［50］苏建莹.新文科背景下CLIL在大学英语课程中的本土化与实践策略［J］.河西学院学报，2024，40（1）：123–128.

［51］李娜.开放大学"云技术"下英语课程导学模式研究［J］.现代职业教育，2024（6）：133–136.

［52］袁云博.大学英语第二课堂活动有效路径研究：以市场营销专业为例［J］.对外经贸，2024（2）：86–88+130.

［53］张磊.论新媒体环境下高职商务英语人才的培养策略［J］.新闻研究导刊，2024，15（4）：129–131.

［54］张冬."三全育人"格局下新时代高职英语课程标准教学改革探索［J］.中国标准化，2024（4）：209–211.

［55］杨慧."三全育人"视域下高职英语课程思政的探究［J］.辽宁高职学报，2024，26（2）：56–59.

[56] 王莉.渗透劳动教育的高职外语创新与创业研究：以抚顺职业技术学院英语专业为例［J］.辽宁高职学报，2024，26（2）：86-91.

[57] 乔晓孟，徐晨，闫安，等.医学留学生法医学教学质量的探索与实践［J］.基础医学教育，2024，26（2）：149-153.

[58] 马丽梅.基于跨文化交际能力优化的高校英语课堂教学分析［J］.湖北开放职业学院学报，2024，37（3）：169-170+173.

[59] 孙笑笑.基于SPOC的混合式教学模式在民办高校英语中的应用研究［J］.山西青年，2024（7）：123-125.

[60] 李明豪.高校英语专业阅读策略实践性教学模式的建构与运用探究［J］.海外英语，2024（6）：103-105.

[61] 阚昱雯."双创"背景下高校英语教学模式创新构建策略［J］.英语教师，2024，24（5）：109-112.

[62] 路阳，解斌.高校英语听说课程的多模态教学模式研究［J］.教师，2024（6）：66-68.

[63] 周春光，周蒋浒.高职教育校企文化融合探析［J］.职教论坛，2019（10）：138-142.

[64] 郑凤翔.高校英语教学中交际英语模式的应用探讨［J］.课程教育研究，2017（26）：119-120.

[65] 范洁，温泉，王佩.基于教学目标的大学英语教学模式探讨［J］.科技风，2013（12）：204-205.

[66] 彭雪梅.大学英语课堂师生互动模式探究［J］.中国科教创新导刊，2010（34）：33-34.

[67] 曾真.大学英语教学模式改革浅谈：大学非英语专业英语教学的实践研究［J］.和田师范专科学校学报，2009，28（4）：146.

[68] 杨敏，吴燮元.大学英语课堂教学模式的现状调查及启示：以独立学院为例［J］.现代经济（现代物业下半月刊），2009，8（2）：112-113.

[69] 李亚男.初中英语语篇阅读中学生概括能力培养的行动研究［D］.上海：华东师范大学，2023.

[70] 许淼.反思实践视角下高中英语教师PCK发展的案例研究［D］.昆明：云南师范大学，2023.

[71] 祝丽丽.中国高阶英语学习者进行体习得中的概念化迁移研究[D].北京：北京外国语大学，2023.

[72] 王佳敏.论汉英语序的空序律与时序律[D].北京：北京外国语大学，2023.

[73] 杨璐.系统功能语言学视角下的英汉语差比句省略现象对比研究[D].北京：北京外国语大学，2023.

[74] 丁旭.混合学习环境下基于产出导向法的高中英语写作教学研究[D].长春：东北师范大学，2023.

[75] 姜男男."统揽主题—融合语境—聚焦素养"初中英语教师教材理解范式建构研究[D].长春：东北师范大学，2023.

[76] 薄萌萌.高中英语教师跨文化教学素质研究[D].上海：上海师范大学，2023.

[77] 林海明.高校英语学习者关键能力的影响因素研究：生态系统理论视角[D].重庆：西南大学，2022.

[78] 宋聚磊.汉英重叠词对比研究[D].北京：北京外国语大学，2022.

[79] 苏杭杭.基于ASSURE模式的大学英语课程思政教学设计与实践：以西藏某高校大学英语初阶班为例[D].拉萨：西藏大学，2023.